프랑스어 듣기

Compréhension orale

정일영 지음

신아사

본 교재는 한국프랑스어문교육학회 출판지원금을 받아 출판되었습니다.

글을 쓰면서

이 책의 목적은 듣기 능력의 효율성을 높이기 위한 실전서이다. 일반적으로 외국어는 듣기, 독해, 쓰기, 말하기의 4가지 구성요소로 이루어져 있다. 외국어 실력을 높이는데 있어서 이 네 가지 중 어느 하나 중요하지 않은 것이 없겠지만, 의사소통 전달 능력의 관점에서 본다면 듣기와 말하기를 우선시 하게 된다. 그러나 프랑스어의 경우 영어와는 달리 고등학교에서부터 시작되는 제 2외국어 영역으로서 고등학생들의 절대적 평가 기준이 되는 수능시험에 듣기 평가가 존재하지 않음으로 인해 듣기 능력을 향상시키는데 큰 장애가 되고 있는 것이 우리나라의 실정이다. 이는 나아가 프랑스에서 어학연수를 하는 동양권 학생들의 경우 문법과 같은 암기 사항에는 뛰어난 능력을 보이는 반면 듣기에 따른 이해력 수준이 다른 분야에 비해 현저히 떨어진다는 지적의 원인이 되기도 한다.

이 책에서는 학생들이 겪고 있는 듣기 평가에 대한 취약점을 조금이라도 덜어주고자 다음과 같은 구성을 하였다.

다양한 주제에 따른 상황 설정

한 문장으로 표현되는 간단한 회화 문장에서부터 각종 상황에 따른 대화체의 문장을 비롯하여 주제별로 상황을 설정하여 가능한 한 실제 생활에서 접할 수 있는 내용을 중심으로 구성하였다.

DELF와 DALF의 듣기 평가에 대한 예비 연습

프랑스어 능력 인증 시험인 DELF와 DALF에서 나올 수 있는 유사한 내용을 중심으로 하여 듣기 평가를 미리 준비할 수 있는 계기를 마련하였다.

주요 문법사항과 어휘

대화체의 문장을 중심으로 회화에서 자주 사용되는 표현이나 어휘, 그리고 문법 등을 제시하여 듣기평가의 훈련 뿐 아니라 쓰기 혹은 말하기에 적용될 수 있는 내용들을 공부함으로써 그 효과를 극대화시키려 하였다.

독해력 실력의 배양

단순히 듣기평가에서 그치지 않고 듣기를 통해 그와 관련된 내용을 정확히 파악하고 있는지를 묻고 답하는 문형들을 통해 작문 능력을 키울 수 있게 하였다.

실전 능력 향상

응용편을 마련하여 본문의 내용을 학습하고 난 후 학습 단계를 높여 실전에 직접 적응할 수 있는 능력을 향상시킬 수 있도록 하였다.

프랑스어를 공부하고자 하는 사람들에게 가장 부족하다고 느껴지는 듣기 능력의 효율성을 높이기 위해 다양한 방법으로 구성한다고 했지만 늘 뭔가 빠진 것 같은 아쉬움이 남는 것은 아마도 아직 나의 부족한 능력 때문이 아닐까 한다. 많은 이해를 부탁드리며 프랑스어 능력을 향상시키는데 조금이나마 도움이 되었으면 하는 바람 간절하다.

저자 정일영

목 차

Compréhension orale

프랑스어 듣기

Chapter 1

간략한 내용 듣기

Vous allez entendre de brefs extraits d'énonces. Vous indiquerez pour chacun d'entre eux l'intention de communication exprimée par le locuteur. Il y aura deux écoutes.

1. La personne qui parle veut exprimer :
   - ☐ un remerciement.
   - ☐ un conseil.
   - ☐ un pardon .

2. Cette personne exprime un sentiment :
   - ☐ d'indifférence.
   - ☐ d'intérêt.
   - ☐ de plaisir.

3. La personne exprime un sentiment :
   - ☐ de remerciement.
   - ☐ de reproche.
   - ☐ de conseil .

4. La personne exprime un sentiment :
   - ☐ de surprise.
   - ☐ d'encouragement.
   - ☐ d'avertissement.

5. Cette personne veut exprimer :
   - ☐ un remerciement.
   - ☐ un reproche.
   - ☐ une proposition.

6. Il s'agit :
   - ☐ d'une félicitation.
   - ☐ d'un remerciement.
   - ☐ d'un reproche.

7. La scène se passe dans :
   - ☐ un café.
   - ☐ un restaurant.
   - ☐ un hôtel.

8. Paul exprime :
   - ☐ sa surprise.
   - ☐ son conseil.
   - ☐ son opposition.

9. Xavier :
   - ☐ ne veut pas aller au cinéma.
   - ☐ ne peut pas aller au cinéma.
   - ☐ ne doit pas aller au cinéma.

해석 및 분석

1.

1. 해 석

▸MP3 ①

Isabelle! Tu manges trop. Si tu manges comme ça, tu vas grossir. Surtout, ne mange rien après 22 heures.

이자벨! 너 너무 먹는다. 그렇게 먹다가는 살쪄. 특히, 22시 이후에는 아무 것도 먹지마.

2. 분 석

1) 주어인칭대명사

1인칭 단수	je 나는		1인칭 복수	nous 우리는	
2인칭 단수	tu 너는		2인칭 복수	vous 당신, 너희가	
3인칭 단수	il 그는	elle 그녀는	3인칭 복수	ils 그들은	elles 그녀들은

2) manger 먹다 : -ger로 끝나는 1군 동사(changer, manger, ranger, voyager)

je	-ge	nous	-geons
tu	-ges	vous	-gez
il, elle	-ge	ils, elles	-gent

3) trop 너무

동사와 함께	Il a trop bu. 그는 너무 많이 마셨다.
형용사, 부사와 함께	C'est trop cher. 그것은 너무 비싸다.
trop… pour…	Elle est trop jeune pour faire ce travail. 그녀는 이 일을 하기에는 너무 젊어.

4) Si 조건 : ~라면

Si + 주어 + 직설법 현재, 주어 + 단순미래
s'il pleut, je ne sortirai pas. 비가 오면 나는 외출하지 않을 거야.

5) comme

–같이	Je n'ai jamais vu des gens comme vous. 나는 당신들과 같은 사람을 결코 본 적이 없어요.
–로서	Qu'est-ce que vous prenez comme dessert? 후식으로 무엇을 드시겠어요?
–때문에	Comme il est malade, il n'est pas venu. 그는 아프기 때문에 오지 않았어.
감탄 : 얼마나	Comme elle est belle! 그녀는 정말 아름답군!

6) ça : cela의 구어 형태

사물 : 저것	Donnez-moi ça. 그것을 내게 주세요.
비인칭주어	Comment ça va? 어떻게 지내?
의문, 부정, 긍정의 강조	Où ça? 어디라구?
놀라움	Ça alors, tu exagères! 저런, 너 너무한다!

7) aller

Je	vais	Nous	allons
Tu	vas	Vous	allez
Il, Elle	va	Ils, Elles	vont

장소 -에 가다.	Je vais à l'hôpital. 난 병원에 간다.
안부	Comment allez-vous? 어떻게 지내세요?
+ 동사원형 : 근접미래	Il va arriver. 그는 곧 도착할 것이다.

8) grossir 살찌다 - 2군 동사: 원형의 어미가 -ir로 끝나는 동사들 (choisir, finir, grossir, obéir, réussir)

je	-is	nous	-issons
tu	-is	vous	-issez
il, elle	-it	ils, elles	-issent

9) ne… rien 또는 rien… ne 전혀 ~않다.

Tu vois quelque chose? — Non, je ne vois rien.
뭐가 보이니? — 아니, 아무 것도 안보여.

Vous comprenez? — Non, je ne comprends rien.
당신 이해했어요? — 아니오, 하나도 이해 못했어요.

✓ rien은 주어로 쓰이는 경우 동사 앞, 그렇지 않은 경우에는 단순 시제의 동사 앞뒤에 위치한다:

Rien n'est parfait. 어떤 것도 완벽하지는 않다.
Elle ne mange rien. 그녀는 아무 것도 먹지 않는다.

✓ ne - personne 또는 personne ne: quelqu'un의 부정

Est-ce qu'il y a quelQu'un? — Non, il n'y a personne.
누구 계세요? — 아니오, 아무도 없어요.

Quelqu'un a répondu? — Non, personne n'a répondu.
누가 대답했어요? — 아니오, 아무도 대답을 안했어요.

✓ ne - plus

ne - plus는 어떤 사실이 과거에 발생하여 계속 진행되지 않은 것을 나타낸다.

Vous avez encore froid? — Non, je n'ai plus froid.
당신 아직도 추우세요? — 아니오, 더 이상 춥지 않아요.

Tu joues toujours au football? — Non, je ne joue plus au football.
너 지금도 축구를 하니? — 아니, 더 이상 축구를 하지 않아.

10) 명령법 (l'impératif)

명령	Sors! Sortez! 나가라! 나가세요!
충고	Refusez cette offre, croyez-moi! 이 제안을 거절하세요, 날 믿으세요!
바램	Rentrez bien! 잘 돌아가세요!

: 원칙적으로 2인칭 단수와 복수에 사용한다.

✓ 2인칭 단수에서, 동사가 -er로 끝나는 1군 동사이고, 뒤에 오는 요소가 자음인 경우, -s를 생략하고 -e만 쓴다

Mange cette pomme! 이 사과를 먹어!

11) après

시간 -후에	un an après sa mort 그가 죽은 지 1년 후에 après dix heures 10시 이후에
차례 -다음에	Après vous! 당신 먼저요!
+ 부정법 과거	Il a regardé la télévision après avoir dîné. 그는 저녁 식사 후에 TV를 봤다.

12) 숫자들

1	2	3	4	5	6
un(une)	deux	trois	quatre	cinq	six
7	8	9	10	11	12
sept	huit	neuf	dix	onze	douze
13	14	15	16	17	18
treize	quatorze	quinze	seize	dix-sept	dix-huit
19	20	21	22	23	24
dix-neuf	vingt	vingt et un	vingt-deux	vingt-trois	vingt-quatre
30	31	32	40	50	51
trente	trente et un	trent-deux	quarante	cinquante	cinquante et un
60	61	70		71	
soixante	soixante et un	soixante-dix		soixante et onze	
80		81		90	
quatre-vingt		quatre-vingt-un		quatre-vingt-dix	
91		100	200	1000	10000
quatre-vingt-onze		cent	deux cents	mille	dix-mille

La personne qui parle veut exprimer : ☐ un remerciement 감사
말하는 사람은 ___을 표현하고자 한다. ☒ un conseil 충고
☐ un pardon 사과

2.

1. 해 석

▶▶MP3 ②

Bof! Tu sais, ça m'est égal si Jean réussit son examen ou pas.

그거 아니, 장이 시험에 합격하건 떨어지건 나와는 상관없어.

2. 분 석

1) savoir 알다

je	tu	il, elle	nous	vous	ils, elles
sais	sais	sait	savons	savez	savent
+ 명사	Je sais la nouvelle. 그 소식을 알고 있어.				
+ 동사원형	Cet enfant sait lire. 이 아이는 읽을 줄 알아.				
+ 절	Vous savez qu'il est marié? 그가 결혼한 것을 아세요?				

2) avoir(-을 가지고 있다)와 être(-이다)

	avoir	être		avoir	être
j', je	ai	suis	nous	avons	sommes
tu	as	es	vous	avez	êtes
il, elle	a	est	ils, elles	ont	sont

① -을 가지고 있다.

A : Combien d'enfants avez-vous? 자식이 몇 명입니까?

B : J'en ai deux. 두 명입니다.

② 나이

A : Quel âge avez-vous? 당신 몇 살이죠?

B : j'ai 45 ans. 45살입니다.

③ + 무관사 명사

A : j'ai faim. 나는 배가 고파

B : Qu'est-ce que tu veux manger? 너 뭐 먹고 싶니?

④ il y a

A : Il y a un livre sur la table. C'est à toi? 책상 위에 책이 한 권 있어. 네 거니?
B : Non, c'est le livre de mon ami. 아니, 내 친구의 책이야

3) égal(e) 같은, 동일한 : -al, -eau로 끝나는 형용사의 복수형

		단 수	복 수	단 수	복 수
-a1	-aux	signe amical	signes amicaux	parc national	parcs nationaux
-eau	-eaux	film nouveau	films nouveaux		

4) si

간접의문문 – 인지 아닌지
Je me demande si c'est vrai. 그것이 사실인지 의문스럽다.

5) réussir

자동사	성공하다.	Il a bien réussi. 그는 성공하였다.
	+ à + 동사원형	Je n'ai pas réussi à le convaincre. 그를 설득하는데 실패했어.
타동사 : 달성하다.		réussir son coup 훌륭히 해내다

6) 소유형용사

	남성단수	모음, h의 여성 단수	여성단수	남, 여 복수
나의	mon stylo 내 만년필 mon amie 나의 여자친구		ma voiture 내 자동차	mes parents 내 부모님
너의	ton sac 너의 가방 ton usine 너의 공장		ta fille 너의 딸	tes frères 네 형제들
그(녀)의	son cousin 그의 사촌 son école 그의 학교		sa famille 그의 가족	ses sœurs 그의 누이들
우리의	notre			nos
당신(들)의	votre			vos
그(녀)들의	leur			leurs

7) un examen

검사, 심사	après mûr examen 심사숙고 끝에 subir un examen médical 신체검사를 받다.
시험	préparer un examen 시험준비를 하다. passer (échouer à) un examen 시험에 합격 (실패) 하다.

Cette personne exprime un sentiment :
이 사람은 ___한 감정을 표현하고 있다.

☒ d'indifférence 무관심
☐ d'intérêt 관심
☐ de plaisir 기쁨

8) ne . . . pas

역사적으로 문장의 부정의 기능을 담당한 것은 ne이며 pas는 ne와 가장 흔히 결합하던 요소이다. 그러나 최근 구어체에서 흔히 ne의 발음을 생략하고 pas만을 발음하는 경향이 강하다. ne . . pas 위치는 문장의 시제에 따라 다음과 같다

① 단순형태의 시제 : ne + 단순시제의 동사 + pas

현재시제 : Je ne suis pas étudiant. 나는 학생이 아니다.
단순미래 : Je n'irai pas au cinéma. 나는 극장에 가지 않을거야.
반과거 : Il ne fumait pas. 그는 담배를 피우지 않았다.
명령문 : Ne partez pas sans moi! 나 없이 떠나지 마세요.
조동사 + 동사의 원형의 문장의 경우 : ne + 조동사 + pas + 동사원형
Je ne veux pas travailler. 나는 일하고 싶지 않다.
Tu ne dois pas faire ça. 너는 그것을 하면 안 돼.

② 복합형태의 시제 : ne + 조동사 (avoir, être) + pas + 과거분사

- 복합시제

Il n'est pas arrivé. 그는 도착하지 않았다.

- 대과거

Je n'ai pas dormi toute la nuit. 나는 밤새 잠을 안 잤다.

③ ne는 항상 보어대명사 앞에 위치한다

Tu connais cet homme? Non, je ne le connais pas.

너 저 남자 아니? 아니, 나는 그를 몰라

Tu téléphones souvent à Paul? Non. je ne lui téléphone pas souvent.

너 뽈에게 전화를 자주 하니? 아니, 그에게 자주 전화하지 않아.

Tu as acheté ce livre? Non, je ne l'ai pas acheté.

너 이 책을 샀니? 아니, 그것을 사지 않았어.

3.

1. 해 석

▶▶MP3 ③

Si tu n'étais pas là pour m'aider, je ne saurais pas comment faire!

만약 네가 나를 돕기 위해 거기 없었다면 나는 어떻게 해야 할지 몰랐을 거야!

2. 분 석

1) si

si + 주어 + 직설법 대과거, 주어 + 조건법 과거 : 비현실적 가정
Si j'étais riche, j'achèterais cette maison. 내가 부자였다면, 이 집을 샀을 텐데.

2) 반과거(imparfait)

Je	-ais	Nous	-ions
Tu	-ais	Vous	-iez
Il, Elle	-ait	Ils, Elles	-aient

✓ 과거에서 지속성을 갖는 사건이나 사실

Autrefois, les forêts couvraient la plus grande partie de l'Europe.

옛날에, 숲들은 유럽의 대부분을 덮고 있었다.

✓ 과거에 사건들을 기술하는 경우

Ce fut alors un beau tumulte : on criait, on se battait.

그때는 정말 대단한 파티였다 : 우린 소리를 지르고 서로 싸우곤 했다.

✐ 과거의 반복이나 습관적인 사실

Autrefois, il venait me voir. 옛날에, 그는 나를 보러 오곤 했다.

✐ 조건법과 함께 si 뒤에 쓰여, 현실적으로 불가능한 사실을 나타낸다.

Si j'étais plus jeune, je vous accompagnerais. 내가 더 젊었더라면, 당신과 함께 갔을 텐데.

3) 조건법현재

Je	-rais	Nous	-rions
Tu	-rais	Vous	-riez
Il, Elle	-rait	Ils, Elles	-raient

✐ 미래에 실현될 수 있는 사실

Si le temps le permettait, je vous accompagnerais.
시간이 허락되면, 당신과 동행할게요.

✐ 현재 실현되지 않은 사실

Si j'avais vingt ans de moins (maintenant), je vous épouserais.
내가 지금 20살만 젊었어도, 당신과 결혼할 텐데.

✐ 과거에 실현되지 못한 사실

Si j'avais obtenu le permis de conduire (hier), je conduirais.
내가 면허증을 따기만 했어도, 운전을 할 텐데.

4) 직·간접 목적보어 인칭대명사

<table>
<tr><th></th><th>단수</th><th colspan="2">직접</th><th>간접</th><th>복수</th><th>직접</th><th>간접</th></tr>
<tr><td>1인칭</td><td></td><td colspan="3">me (m')</td><td>1인칭</td><td colspan="2">nous</td></tr>
<tr><td>2인칭</td><td></td><td colspan="3">te (t)</td><td>2인칭</td><td colspan="2">vous</td></tr>
<tr><td rowspan="2">3인칭</td><td>남성</td><td>le</td><td rowspan="2">l'</td><td rowspan="2">lui</td><td rowspan="2">3인칭</td><td rowspan="2">les</td><td rowspan="2">leur</td></tr>
<tr><td>여성</td><td>la</td></tr>
</table>

① 직접목적보어 인칭대명사

a) 직접목적보어 인칭대명사는 항상 동사 앞에 위치한다.

Je regarde la télé. 나는 TV를 본다. → Je la regarde.
Je déteste le football. 나는 축구를 아주 싫어한다. → Je le déteste.

b) me, te, nous, vous는 사람을, le, la, les는 사람 혹은 사물을 나타낸다:

Je te présente Marie. 너에게 마리를 소개할게.
Il nous a invité au dîner. 그가 우리를 저녁 식사에 초대했어.
Tu connais Jean? Oui. je le connais bien.
너 장을 아니? 응, 나는 그를 잘 알아 : 사람

c) le, la, les는 다음의 요소들을 대체할 수 있다.

- 정관사, 소유형용사, 지시형용사가 선행하는 한정 보통명사

Tu as lu le dernier livre de Jean? Oui, je l'ai lu.
너 장의 최근 책을 읽었니? 응, 그것을 읽었어.
Vous voulez réserver votre place maintenant?
당신의 자리를 지금 예약하시겠어요?
- Non, je la réserverai demain. 아니, 자리를 내일 예약할게요.
J'ai acheté cette robe au magasin. 이 옷을 상점에서 샀어.
- Je la trouve très bien. 아주 좋은데

- 문맥이나 상황에 의해 한정되는 보통명사

Vous avez une carte d'identité? 당신 신분증 있으세요?
- Non, je l'ai laissée chez moi. 아니오. 집에 두고 왔어요.

- 고유명사

Tu as trouvé Paul? Non, je ne l'ai pas encore trouvé.
너 뽈을 찾았니? 아니, 그를 아직 찾지 못했어.

② 간접목적보어 인칭대명사

a) 간접목적보어 인칭대명사는 항상 사람을 나타내며 거의 동사 앞에 위치한다.

Tu téléphones souvent à Paul? Oui. je lui téléphone tous les jours.
너 뽈에게 자주 전화하니? 응, 그에게 매일 전화해

b) 직접목적보어 인칭대명사는 달리, 간접목적보어 인칭대명사 3인칭의 경우 성의 구분이 없다 :

Elle écrit une lettre à Jean. = Elle lui écrit une lettre. 그녀는 장에게 편지를 쓴다.
Elle écrit à Isabelle. = Elle lui écrit une lettre.
Paul parle à ses filles. = Il leur parle.
Paul téléphone à ses fils. = Il leur téléphone.

5) faire

je	tu	il, elle	nous	vous	ils, elles
fais	fais	fait	faisons	faites	font
-하다.	Qu'est-ce que vous faites ici? 당신 여기서 뭐해요?				
만들다.	Elle fait du pain. 그녀는 빵을 만든다.				
-하게 하다.	Faites venir le médecin. 의사를 오라고 하세요.				

La personne exprime un sentiment :
이 사람은 __한 감정을 표현하고 있다.

☒ de remerciement 감사
☐ de reproche 비난
☐ de conseil 충고

4.

1. 해 석

▶▶MP3 ④

Attention! Je ne te pardonnerai jamais si tu fais la même erreur encore une fois.
조심해! 또 한 번 같은 실수를 한다면 너를 결코 용서하지 않을 거야.

2. 분 석

1) une attention 주의

Attention au train! 기차 조심해!	faute d'attention 부주의로

2) 단순미래

je	tu	il, elle	nous	vous	ils, elles
-rai	-ras	-ra	-rons	-rez	-ront

✐ 사건이나 사실이 말하는 순간 이후에 일어날 때

Je partirai demain. 나는 내일 떠날 거야.

✐ 완곡한 명령적 표현

Vous emmènerez les enfants se promener. 아이들을 산책시키러 데리고 가세요.

3) pardonner

+ 명사구	Pardonner un péché 죄를 용서하다.
à + 사람 + de + 동사원형	Elle me pardonne d'avoir menti. 그녀는 내가 거짓말한 것을 용서한다.

4) ne - jamais 결코 -아니다. :

a) 다음 요소들의 부정이다.

- parfois, quelquefois, souvent

Il regarde souvent la télé, mais moi, je ne la regarde jamais.
그는 TV를 자주 보지만, 나는 결코 TV를 보지 않는다.
Tu téléphones quelquefois à Paul? Non, je ne lui téléphone jamais.
너 뽈에게 가끔 전화하니? 아니, 그에게 결코 전화하지 않아.

- déjà

Tu as déjà visité le musée du Louvre? Non, je ne l'ai jamais visité.
너 루브르 박물관을 이미 방문했었니? 아니, 결코 방문한 적이 없어.

- toujours

Il déjeune toujours au même restaurant? 그는 항상 같은 식당에서 점심을 먹니?
- Non, il ne déjeune jamais au même restaurant.
아니, 그는 결코 같은 식당에서 점심을 먹지 않아.

b) jamais의 위치

- **단순형태** : ne - jamais는 동사 앞뒤에 위치한다

  Elle travaille bien? Non, elle ne travaille jamais.

  그녀는 공부를 잘하니? 아니, 그녀는 결코 공부를 안 해.

- **복합형태** : ne + 조동사 + jamais + 과거분사

  Je n'ai jamais rencontré cet homme. 나는 이 남자를 결코 만난 적이 없다.

5) même

명사 앞 : 같은	C'est la même chose. 같은 것이다.
강세인칭대명사 : 자신	Il a dit ça lui-même. 그 스스로 그것을 말했어.

6) une erreur 잘못, 오류

faire une erreur 잘못을 저지르다	erreur de calcul 계산착오

7) une fois

번	deux fois par semaine 일주일에 두 번 plusieurs fois 여러 번
곱	deux fois quatre font huit. 2×4=8

La personne exprime un sentiment :
이 사람은 __감정을 표현하고 있다.

- ☐ de surprise 놀라움
- ☐ d'encouragement 격려
- ☒ d'avertissement 경고

5.

1. 해 석

▸▸MP3 ⑤

Si tu me l'avais dit un peu plus tôt, j'aurais pu prendre le train.

만일 네가 나에게 그것을 조그만 더 일찍 말했더라면, 난 기차를 탈 수 있었을 텐데.

2. 분석

1) si

Si + 주어 + 직설법 대과거, 주어 + 조건법 과거 : 과거의 비현실적 가정
s'il n'avait pas plu, nous serions partis. 비가 오지 않았더라면, 우린 떠났을 텐데.

2) 직설법 대과거

avoir, être의 반과거 + 과거분사

✓ 두 개의 과거에 일어난 사건 중, 먼저 일어난 것을 나타냄.

Depuis qu'il avait reçu cette lettre, il restait songeur. 그는 이 편지를 받자마자, 생각에 잠겼다.

✓ quand, après que 뒤에 쓰여 반복을 나타낸다. 이때 주절의 동사는 반복의 반과거이다

Quand il avait bien déjeuné, il était de bonne humeur.

그는 점심을 잘 먹고 나면, 기분이 매우 좋곤 했다.

3) 과거분사의 어미 형태

		원 형	과거분사
1군 동사	-é	aimer 좋아하다	aimé
		chanter 노래하다	chanté
		manger 먹다	mangé
2군 동사	-i	finir 끝내다	fini
		choisir 선택하다	choisi
		grossir 살찌다	grossi
3군 동사	-s	prendre 잡다	pris
	-é	aller 가다	allé
	-i	sortir 외출하다	sorti
	-u	boire 마시다	bu
		attendre 기다리다	attendu

4) plus

더 많이	Il travaille plus que moi. 그는 나보다 일을 더 많이 한다.
+ de + 명사	Voulez-vous un peu plus de café? 커피 더 드실래요?

5) pouvoir -할 수 있다

je	tu	il, elle	nous	vous	ils, elles
peux	peux	peut	pouvons	pouvez	peuvent
+ 동사원형		Je peux entrer? 들어가도 됩니까? Vous pouvez m'aider? 나를 도와줄 수 있어요?			

6) prendre

je	tu	il, elle	nous	vous	ils, elles
prends	prends	prend	prenons	prenez	prennent
잡다	prendre qn par la main –와 악수를 하다.				
먹다	prendre ses repas 식사를 하다				
타다	prendre un taxi (le métro) 택시 (기차)를 타다.				

7) peu

① 거의 - 않다.

A : Tu manges peu. Qu'est-ce que tu as? 너 거의 먹지를 않네. 무슨 일 있니?

B : j'ai mal au ventre. 배가 아파

② un peu : 약간

A : Attends-moi un peu! 잠깐만 기다려!

B : Dépêche-toi! On est en retard! 서둘러! 우리 늦었어!

Cette personne veut exprimer :
이 사람은 ___을 표현하고 싶어한다.

☐ un remerciement 감사
☒ un reproche 비난
☐ une proposition 제안

6.

1. 해 석

▶▶MP3 ⑥

Bravo mon garçon! Je savais que tu avais travaillé très dur pour préparer ce concours, mais je ne m'attendais pas à ce bon résultat. Je suis fier de toi.

브라보, 애야! 이 경연대회를 준비하기 위해 매우 열심히 공부한 것은 알았지만 이렇게 좋은 결과를 기대하지는 않았어. 네가 자랑스럽구나.

2. 분 석

1) le garçon

소년, 아들	les filles et les garçons 소년 소녀들	jeune garçon 청년
종업원	garçon de café 카페 종업원	garçon de course 심부름꾼

2) 관계대명사 que

선행사가 관계절의 목적보어로서 사람, 사물 또는 중성대명사 ce이다.
La femme que je regarde est belle. 내가 보고 있는 저 여인은 아름답다.
Ce que tu dis me surprend. 네 얘기는 나를 놀라게 하는구나.
La voiture que j'achète est chère. 내가 산 자동차는 비싸

3) très

형용사 앞	très riche (content, heureux) 아주 부유한 (만족한, 행복한)
부사 앞	très bien (tôt, tard, souvent) 아주 잘 (일찍, 늦게, 자주)
동사구	J'ai très faim (soif, peur, froid, chaud) 나는 아주 배가 고프다 (목이 마르다, 무섭다, 춥다, 덥다)

4) dur(e)

단단한	être dur comme le fer 쇠처럼 단단한 pain dur 딱딱한 빵
힘든, 고된	être dur à digérer 소화하기 힘든
냉혹한	être dur envers qn –에게 냉혹하다.

5) pour

행선지	Ce train est pour Paris? 이 기차는 파리행입니까?
예정 : 시기	Le concert est pour demain. 콘서트는 내일 예정이다.
목적, 용도	Il faut manger pour vivre. 살기 위해 먹어야 한다.
댓가, 교환	j'ai acheté cette robe pour vingt euros. 나 이 치마 20유로를 주고 샀어.
비교	Il est intelligent pour son âge. 그는 나이에 비해 영리하다.
결과	Il est trop jeune pour faire ça. 이것을 하기에 그는 너무 어리다.

6) préparer

준비하다	préparer un voyage 여행을 준비하다
조리하다	préparer le déjeuner 점심을 차리다

7) 지시형용사

남성단수	모음, 묵음의 h의 남성단수	여성단수	남, 여 복수
ce livre	cet ami, hôtel	cette femme	ces maisons

8) attendre

기다리다	Attendez un instant! 잠깐 기다리세요!
기대하다	Qu'attendez-vous de lui? 그에게서 뭘 기대하세요?

9) 형용사의 여성형

-on	-onne	bon 좋은	bonne	mignon 귀여운	mignonne

10) 강세인칭대명사

주어			강세		주어			강세	
1. Sg	Je		Moi		1. Pl	Nous		Nous	
2. Sg	Tu		Toi		2. Pl	Vous		Vous	
3. Sg	Il	Elle	Lui	Elle	3. Pl	Ils	Elles	Eux	Elles

a) 주어 앞에 쓰여서 주어를 강조

Moi, je prends du café. Et toi, tu prends quoi?
나는 커피 마실 거야. 너는 뭐 마실 거니?

b) et, ou와 함께

Paul et moi, nous allons au cinéma. 뽈하고 나는 극장에 간다.

c) 전치사와 함께

Il travaille avec moi. 그는 나와 함께 일한다.
Il va venir chez moi. 그는 내 집에 올 거야.

d) C'est 다음

C'est toi qui as raison. 옳은 것은 너야.

e) 답변으로 홀로 쓰인다.

Qui va partir? 누가 떠날 거니? Moi. 나

Il s'agit :
이것은 ___에 관한 것이다.

☒ d'une félicitation 축하
☐ d'un remerciement. 감사
☐ d'un reproche 비난

7.

1. 해 석

▸▸MP3 ⑦

– Bonjour, monsieur. Je peux vous aider?
안녕하세요. 당신을 도와드릴까요?
– Bonjour. j'ai réservé une chambre pour deux personnes au nom de Monsieur Durand.
안녕하세요. 뒤랑씨 이름으로 두 사람 방 예약을 했는데요.

2. 분 석

1) bonjour

아침과 오후에 만났을 때	저녁에 만났을 때
Bonjour	Bonsoir
Salut	

2) monsieur : 존칭을 나타내는 어휘들

남성		결혼한 여성		젊은 여성	
단수	복수	단수	복수	단수	복수
monsieur	messieurs	madame	mesdames	mademoiselle	mesdemoiselles

3) aider

돕다	aider qn de son argent –를 돈으로 돕다
aider un ami à surmonter des difficultés financières 친구로 하여금 경제적 난관을 극복하게 해주다	

4) réserver

남겨두다	Elle vous a réservé une part de gâteau. 그녀는 당신을 위해 케이크 한 부분을 남겨두었다.
예약하다	réserver la place dans le train 기차 좌석을 예약하다

5) une chambre

침실	Mon père est déjà monté dans sa chambre. 아버지는 벌써 침실로 올라가셨다. appartement avec un salon, deux chambres. 거실에 방 두 개 아파트

6) personne

사람	personne âgée 고령자 personne de qualité 훌륭한 사람

7) le nom

이름	Quel est votre nom? 당신 이름이 뭐죠?

La scène se passe dans : 이 장면은 __에서 일어난 것이다.

- ☐ un café 카페
- ☐ un restaurant 식당
- ☒ un hôtel 호텔

8.

1. 해 석

▸▸MP3 ⑧

— Paul! Demain, C'est mon anniversaire. Tu as préparé mon cadeau d'anniversaire, n'est-ce pas?
뽈! 내일, 내 생일이야. 내 생일 선물 준비했지, 그렇지 않니?

— Quoi? Ton anniversaire n'est pas la semaine prochaine?
뭐라구? 네 생일 다음주 아니야?

2. 분 석

1) 날

avant-hier	hier	aujourd'hui	demain	après-demain
그저께	어제	오늘	내일	모레

2) anniversaire

생일	l'anniversaire de mariage 결혼기념일 Bon anniversaire! 생일 축하해!

3) le cadeau

선물	offrir (recevoir) un cadeau 선물을 주다 (받다) cadeau de Nouvel An (de noces) 새해 (결혼) 선물				
-au	+ -x	un cadeau 선물	des cadeaux	gâteau 케익	gâteaux
-eau		un chapeau 모자	des chapeaux	eau 물	eaux
-eu		un cheveu 머리카락	des cheveux	feu 불	feux

4) quoi

전치사와 함께	직접의문	À quoi penses-tu? 무슨 생각을 하니? De quoi parlez-vous? 무엇에 대해 말하세요?
	간접의문	Je ne vois pas de quoi il s'agit. 무엇이 문제인지 모르겠네요.

전치사 없이	직접목적	Tu achètes quoi? 무엇을 사니? Vous désirez quoi? 무엇을 원하세요?
	생략된 의문	Quoi? Que dites-vous? 뭐라구요? 뭐라고 말씀하셨죠?

5) prochain(e)

장소 : 다음의		descendre à la prochaine station 다음 역에서 내리다
시간	가까운	dans un avenir prochain 가까운 미래에
	다음의	lundi prochain 다음 주 월요일 à la prochaine fois 다음 번에

Paul exprime :
뽈은 ___을 표현한다.

☒ sa surprise 놀라움
☐ son conseil 충고
☐ son opposition 대립

9.

1. 해 석

▶▶MP3 ⑨

- Xavier! Qu'est-ce que tu fais demain soir? J'ai deux places pour le cinéma. Tu veux venir avec moi?
  자비에! 내일 저녁에 시간 있니? 영화표 두 장이 있거든. 나랑 같이 갈래?
- Je voudrais bien, mais je ne peux pas. Je dois garder la maison.
  그러고 싶은데, 그럴 수가 없어. 집을 봐야 하거든.

2. 분 석

1) que

직접목적보어	Que cherchez-vous? 무엇을 찾으세요?
주어	Qu'est-ce qui vous prend? 무슨 일이시죠?
속사와 함께	Qu'est-ce que c'est? 이것이 무엇입니까?

2) 의문문

(의문사) + 동사 + 주어?	Où vas-tu? 너 어디 가니?
(의문사) + est-ce que +주어 + 동사?	Où est-ce que tu vas?
주어 + 동사 + (의문사)?	Tu vas où?

3) le soir

아 침	오 후	저 녁	밤
le matin	l'après-midi	le soir	la nuit

4) place

공간	faire la place 공간을 만들다
좌석	prix des places 좌석료 place vide (occupée) 빈(임자 있는) 자리
광장	place du village 마을 광장

5) venir

je	tu	il, elle	nous	vous	ils, elles
viens	viens	vient	venons	venez	viennent
+ de : -에서 오다		Je viens de l'école. 학교에서 오는 길이야.			

6) avec

-와 함께	Il travaille avec moi. 그는 나와 함께 일한다.
-와	confondre A avec B A와 B를 혼동하다
-을 가지고	avec plaisir 기꺼이 avec prudence 신중하게
-외에	Avec ça, que prenez-vous? 이것 말고 무엇을 사시겠어요?

7) bien

잘	Tout s'est bien passé. 모든 것이 잘 되었어.
매우	Je suis bien content. 난 아주 만족해 bien souvent 매우 자주
참으로	C'est bien lui. 바로 그 사람이야.

8) devoir

je	tu	il, elle	nous	vous	ils, elles
dois	dois	doit	devons	devez	doivent
+ 동사원형	Je dois attendre mon ami. 난 내 친구를 기다려야 해.				

9) garder

지키다	garder un enfant 아이를 보다
보존하다	garder des légumes au frais 야채를 신선한 곳에 보관하다
간직하다	garder un secret 비밀을 간직하다

Xavier : ☐ ne veut pas aller au cinéma. 영화를 보러 가길 원하지 않는다.
☒ ne peut pas aller au cinéma. 영화를 보러 갈 수 없다.
☐ ne doit pas aller au cinéma. 영화를 보러 가서는 안 된다.

Compréhension orale

프랑스어 듣기

Chapter

2

안내에 관한 방송

<1>

Vous allez entendre des annonces. Pour chaque annonce, il y aura trois écoutes. Mettez une croix dans les cases correspondant à ce que vous entendez ou répondez aux questions :

1. Le vol AF 387 va partir pour
   - ☐ la Suisse.
   - ☐ la Suède.
   - ☐ Séoul.

2. Il reste encore beaucoup de temps pour prendre l'avion.
   ☐ vrai. ☐ faux. ☐ on ne sait pas.

3. l'embarquement se fera
   - ☐ porte C1.
   - ☐ porte C11.
   - ☐ porte C21.

해석 및 분석

1. 해 석

▸▸MP3 ⑩

Le vol AF 387 à destination de Séoul va bientôt partir. Les passagers sont priés de se présenter pour embarquement immédiat porte C1.

서울발 에어 프랑스 387편이 곧 떠나겠습니다. 승객들께서는 지금 즉시 C1으로 탑승해 주시기 바랍니다.

2. 분 석

1) le vol

비행, 비행기편	Le vol Paris-Séoul est retardé. 파리-서울간 비행기가 연착이다.

2) la destination

목적지	train à destination de Paris 파리행 열차

3) de -의

소유 : -의	C'est la voiture de Paul. 그것은 뽈의 자동차다.
출발 : -부터	Il vient de l'école. 그는 학교에서부터 오는 길이다.
방향 : -에	le train d'Italie 이탈리아행 열차, 이탈리아발 열차

4) 도시를 나타내는 명사 앞에는 관사를 붙이지 않는다.

Il va à Paris. 그는 파리로 간다.	Il habite à Séoul. 그는 서울에 산다.

5) partir 떠나다

je	pars	nous	partons
tu	pars	vous	partez
il, elle	part	ils, elles	partent

Il va partir demain. 그는 내일 떠날 것이다.

6) 정관사와 부정관사

	남성단수	여성단수	모음, 묵음의 h 단수 명사	남, 여 복수
정관사	le	la	l'	les
부정관사	un	une		des

부정관사	C'est + 부정관사 + 명사	C'est une chaise. 그것은 의자다.
	Il y a + 부정관사	Il y a un livre sur la table. 책상 위에 책이 한 권 있다.
정관사	한정되는 명사 앞	C'est le livre de Paul. 이것은 뽈의 책이다.
	기호도 (aimer) 동사 다음	J'aime le sport. 난 운동을 좋아해.

7) prier

prier qn de + 동사원형 : -에게 -하도록 간청하다.	Elle a prié le médecin de sauver son père. 그녀는 의사에게 아버지를 구해달라고 간청했다.

8) se présenter

자기를 소개하다.	Permettez-moi de me présenter. 제 소개를 할께요.
출두하다.	se présenter devant la justice 법정에 출두하다.

9) un embarquement

타기	embarquement des passagers 승객의 탑승 quai d'embarquement 부두

10) immédiat

즉시의	réponse immédiate 즉각적 반응 effet immédiat 즉효

Vous allez entendre des annonces. Pour chaque annonce, il y aura trois écoutes. Mettez une croix dans les cases correspondant à ce que vous entendez ou répondez aux questions :
당신은 안내방송을 듣게 될 것이다. 각 안내방송에 대해 세 번을 청취하게 될 것인데 당신이 들을 것에 해당하는 곳에 ☒를 하거나 질문에 답하시오.

1. Le vol AF 387 va partir pour
   에어 프랑스 387기는 서울로 떠난다.
   - ☐ la Suisse 스위스
   - ☐ la Suède 스웨덴
   - ☒ Séoul

2. Il reste encore beaucoup de temps pour prendre l'avion.
   비행기를 타기에 시간이 아직 많이 남아 있다.
   - ☐ vrai 사실
   - ☒ faux 거짓
   - ☐ on ne sait pas 알 수 없다.

3. l'embarquement se fera
   탑승은 C1에서 이루어진다.
   - ☒ porte C1
   - ☐ porte C11
   - ☐ porte C21

<2>

1. Qui a perdu sa fille?
   - ☐ Durand.
   - ☐ Nathalie.
   - ☐ Nadine.

2. Comment est-elle?
   - ☐ grande et mignonne.
   - ☐ petite et mignonne.
   - ☐ gentille et mignonne.

3. De quelle couleur sont ses cheveux?
   - ☐ blonds.
   - ☐ bruns.
   - ☐ jaunes.

4. Quel est le numéro de téléphone de Radio-Jaune?

해석 및 분석

1. 해 석

▸▸MP3 ⑪

Mme Durand a perdu sa fille cet après-midi au supermarché. Elle s'appelle Nathalie et elle a 6 ans. Elle est petite et mignonne. Elle a les cheveux blonds et elle porte une veste jaune et une jupe courte. Si vous l'avez vue, téléphonez à Radio-Jaune au 00 47 52 41 24.

뒤랑 부인이 오늘 오후 슈퍼마켓에서 딸을 잃어버렸습니다. 아이의 이름은 나탈리이고 6세입니다. 키가 작고 귀엽게 생겼다고 합니다. 금발의 머리와 노란색 웃옷과 짧은 치마를 입고 있습니다. 아이를 보신 분은 Radio-Jaune 00 47 52 41 24번으로 전화주시기 바랍니다.

2. 분 석

1) perdre

분실하다	perdre son portefeuille 지갑을 잃어버리다
지다	perdre un match 시합에 지다

2) 명사의 성

남성	여성	남성	여성
père 아버지	mère 어머니	oncle 삼촌	tante 숙모
frère 형제	sœur 자매	fils 아들	fille 딸
cousin 남자 사촌	cousine 여자 사촌	mari 남편	femme 아내
parents 부모		grand-père 할아버지	grand-mère 할머니

3) 지시형용사

남성단수	모음, h로 시작하는 남성단수	여성단수	남, 여 복수
ce	cet	cette	ces

a) 사람 또는 사물을 지칭할 때

Cet enfant aime ce gâteau. 이 아이는 이 케익을 좋아한다.

b) 앞에서 이미 언급되었던 명사를 되풀이하거나 앞으로 언급할 명사 앞

Tu connais l'homme sur la photo? Cet homme? C'est mon père.

너 사진 속에 남자를 아니? 이 남자? 내 아버지셔

Écoutez cette histoire. 이 이야기를 들어봐.

4) 전치사 à +장소를 나타내는 명사

남성단수	모음이나 무음의 h의 남성단수	여성단수	남, 여 복수
au cinéma 극장에	à l'école 학교에	à la poste	aux États-Unis

5) 형용사의 여성형

		남성	여성	남성	여성
	+ -e	grand 큰	grande	petit 작은	petite
-on	-onne	bon 좋은	bonne	mignon 귀여운	mignonne

6) 명사의 복수형

-al	-aux	le cheval 말 - les chevaux	le journal 신문 - les journaux
-ail	-ails	le chandail 스웨터 - les chandails	le rail 기차길 - les rails
-au -eau	-aux -eaux	le chapeau 모자 - les chapeaux	le gâteau 케익 - les gâteaux
-eu	-eux	le cheveu 머리카락 - les cheveux	le jeu 게임 - les jeux
-ou	-ous	le clou 못 - les clous	le trou 구멍 - les trous

7) 색깔을 나타내는 어휘들

blanc(he) 흰 색의	noir(e) 검은 색의	jaune 노란 색의
rouge 붉은 색의	vert(e) 녹색의	bleu(e) 푸른 색의

8) porter

들다	Il porte une valise à la main. 그는 손에 가방을 들고 있다.
입다	En hiver, on porte des vêtements chauds. 겨울에, 우린 더운 옷을 입는다. Tu portes des lunettes? 너 안경을 쓰니?

9) 의류에 관련된 어휘들

une robe 치마	un pantalon 바지	une veste 웃옷
une chemise 셔츠	un chapeau 모자	une chaussure 신발

10) 형용사의 여성형

-e 로 끝나는 경우 여성에서 불변	
confortable 편안한	magnifique 훌륭한
admirable 존경할 만한	gigantesque 거대한
logique 논리적인	stable 안정적인

11) 간접목적어를 취하는 동사들

à	parler à Marie penser à l'avenir obéir à la loi téléphoner à Jean	마리에게 말하다. 미래에 대해 생각하다. 법에 따르다. 장에게 전화하다.
de	changer de chemise parler de l'accident profiter de l'occasion	셔츠를 갈아입다. 사고에 대해 말하다. 기회를 이용하다.

1. Qui a perdu sa fille?
   딸을 잃어버린 사람은 누구인가?
   - ☒ Durand
   - ☐ Nathalie
   - ☐ Nadine

2. Comment est-elle?
   그녀는 어떠한가?
   - ☐ grande et mignonne
   - ☒ petite et mignonne.
   - ☐ gentille et mignonne.

3. De quelle couleur sont ses cheveux?
   그의 머리카락은 무슨 색깔인가?
   - ☒ blonds 금발
   - ☐ bruns 갈색
   - ☐ jaunes 노란 색

4. Quel est le numéro de téléphone de Radio-Jaune? 00 47 52 41 24.
   라디오-존느의 전화번호는 몇 번인가?

<3>

1. Ce message s'adresse
   - ☐ à tous les jeunes
   - ☐ aux personnes âgées
   - ☐ à tous les gens de la ville

2. Le concert aura lieu : a) ______________________.
   b)
   - ☐ à l'auberge de jeunesse
   - ☐ à la salle des Fêtes
   - ☐ à la salle de bains

3. Quel est le prix du billet?
   - ☐ 14 euros.
   - ☐ 15 euros.
   - ☐ 16 euros.

4. Où peut-on acheter le billet?
   - ☐ à la salle des Fêtes.
   - ☐ au gymnase.
   - ☐ à la Mairie.

해석 및 분석

1. 해 석

▸▸MP3 ⑫

Attention à tous les habitants! Samedi prochain, le 12 mai à 20h, à la salle des Fêtes, va avoir lieu le concert de votre chanteuse préférée. . . Patricia Kaas!!! Les billets, au prix de 15 euros, sont en vente à partir de demain à la Mairie.

모든 마을 주민들은 주의 깊게 듣기 바랍니다! 다음 주 토요일 5월 12일 20시, 축제홀에서 좋아하는 가수인 빠트리시아 까쓰의 공연이 있을 예정입니다!!! 입장권 값은 15유로이고 내일부터 시청에서 판매합니다.

2. 분 석

1) tout

① 부정형용사

남성단수	tout	tout le temps 늘 tout le pays 그 나라 전체
여성단수	toute	toute la journée 하루 종일 toute la nuit 밤새
남성복수	tous	tous les jours 매일 tous les hommes 모든 사람들
여성복수	toutes	toutes les femmes 모든 여자들

② 부정대명사

<table>
<tr><td>단수</td><td colspan="2">tout</td><td>l'argent n'est pas tout. 돈이 전부가 아니다.
Il a tout perdu. 그는 모든 것을 잃었다.</td></tr>
<tr><td rowspan="2">복수</td><td>남성</td><td>tous</td><td>Je vous invite tous. 당신들 전부를 초대할께요.</td></tr>
<tr><td>여성</td><td>toutes</td><td>Elles sont toutes chez elles. 그녀들은 모두 집에 있다.</td></tr>
</table>

③ 부사 : 형태는 불변. 단 자음, 유성의 h로 시작하는 여성 형용사 앞에서는 toute(s)

Il est tout content. 그는 매우 만족해 한다.

Ils sont tout contents. 그들은 매우 만족해 한다.

Elle est tout étonnée. 그녀는 매우 놀라고 있다.

Elle est toute contente. 그녀는 아주 만족해 한다.

2) habitant

주민	habitant de la ville (quartier) 도시(동네) 주민들 recensement des habitants 인구 조사

3) 요일

월요일	화요일	수요일	목요일	금요일	토요일	일요일
lundi	mardi	mercredi	jeudi	vendredi	samedi	dimanche

4) 달(月)

1월	2월	3월	4월	5월	6월
janvier	février	mars	avril	mai	juin
7월	8월	9월	10월	11월	12월
juillet	août	septembre	octobre	novembre	décembre

5) la salle

방, 실	salle à manger 식당 salle d'attente 대기실 salle de spectacle 극장	salle de bain(s) 욕실 salle de conférences 강의실

6) le lieu

장소, 곳	la date et le lieu 날짜와 장소 au lieu de –대신에	lieu de travail 직장 avoir lieu 행해지다.

7) 명사의 여성형 (직업과 관련된 명사들)

-eur	-euse	chanteur 가수 - chanteuse	danseur 무용수 - danseuse
-teur	-trice	acteur 영화배우 - actrice	directeur 책임자 - directrice

8) -ét(r)er로 끝나는 동사들(acheter, compléter, répéter, préférer)

je	-ète	nous	-etons	-étons
tu	-ètes	vous	-etez	-étez
il, elle	-ète	ils, elles	-ètent	

9) le billet

표	prendre un billet 표를 사다 billet à demi-tarif 반액 할인권 billet aller-retour 왕복권	billet d'entrée 입장권 billet à prix réduit 할인권

10) le prix

판매	prix de vente 판매가 service après vente 에프터 서비스	vente aux enchères 경매 promotion des ventes 판매촉진

• 명사의 복수형 : 단수 명사의 어미가 -s, -x, -z로 끝나면 복수에서 변하지 않는다.

	단수	복수	단수	복수
-s	un fils 아들	des fils	le mois 월	les mois
-x	une voix 목소리	des voix	la paix 평화	les paix
-z	un nez 코	des nez	le gaz 가스	les gaz

11) la vente

값	prix courant 시세 prix d'ami 특가 prix soldé 할인판매	prix fixe 정가 augmenter (baisser) le prix 값을 올(내)리다.	prix réduit 할인가
상	prix d'excellence 우등상	décerner le prix 상을 수여하다.	

1. Ce message s'adresse
이 메시지는 ☐ -에게
전하는 것이다.

☐ à tous les jeunes 모든 청소년에게
☐ aux personnes âgées 나이 든 사람들에게
☒ à tous les gens de la ville 마을의 모든 이에게

2. Le concert aura lieu :
콘서트는 __ 열린다.
콘서트는 __ 에서 열린다.

a) Samedi 12 mai

b) ☐ à l'auberge de jeunesse. 유스호스텔에서
☒ à la salle des Fêtes 축제홀에서
☐ à la salle de bains 목욕탕에서

3. Quel est le prix du billet?
표 값은 ___이다.

☐ 14 euros
☒ 15 euros
☐ 16 euros

4. Où peut-on peut acheter le billet?
표를 ___에서 살 수 있다.

☐ à la salle des Fêtes 축제홀에서
☐ au gymnase 체육관에서
☒ à la Mairie 시청에서

<4>

1. Un stage dans les châteaux va être organisé pour les jeunes :
   - ☐ Vrai
   - ☐ Faux
   - ☐ On ne sait pas

2. Quelles activités sont proposées aux jeunes amoureux des tableaux?
   - ☐ apprendre à peindre
   - ☐ apprendre à jouer de la guitare
   - ☐ apprendre à jouer au football
   - ☐ apprendre à graver
   - ☐ apprendre à faire de la musique

3. Les inscriptions commencent le 20 juin :
   - ☐ Vrai
   - ☐ Faux
   - ☐ On ne sait pas

해석 및 분석

1. 해 석

▶▶MP3 ⑬

La Maison de la Culture propose des stages culturels pour les vacances d'été. D'abord, une excursion dans les châteaux va être organisée du 1er au 3 juillet pour les gens de 40 à 50 ans de notre région. Ensuite, au mois d'août, les jeunes amoureux des tableaux vont pouvoir profiter d'un séjour à l'atelier, ils vont avoir la possibilité d'apprendre à peindre, à graver. Si vous êtes intéressé, inscrivez-vous très vite, avant le 20 juillet, car les places sont limitées.

문화의 집에서 여름 방학을 맞이하여 문화체험을 제안합니다. 우선, 성 관람이 우리 지역 40세에서 50세의 어른들을 대상으로 7월 1일부터 3일까지 모집예정입니다. 그리고 나서 8월달에 그림을 사랑하는 젊은이들은 화실에서의 경험을 할 수 있습니다. 그림 그리는 것과 조각하는 것을 배울 기회를 가질 수 있을 것입니다. 관심이 있다면, 6월 20일 전까지 빨리 등록하세요, 자리가 한정되어 있으니까요.

2. 분 석

1) la culture

경작, 재배	culture des abeilles 양봉
문화	culture orientale 동양문화 homme de culture 교양있는 사람

2) proposer

qch à qn -에게 -을 제안하다	proposer sa marchandise aux clients 손님에게 상품을 내보이다.
à qn de + 동사원형	Je vous propose d'aller voir ce film. 당신께 이 영화를 보러 가시길 권합니다.

3) le stage

연수	Il assiste à un stage linguistique 어학연수에 참가한다. faire son stage 실지연수를 하다.

4) les vacances

휴가 · 방학	grandes vacances 여름방학	Bonnes vacances! 휴가 잘 보내!

✐ 단수와 복수의 의미가 다른 명사들

단 수	복 수
le ciseau 끌, 정	les ciseaux 그네
un effet 결과	des effets 의류
la lunette 망원경	les lunettes 안경
la vacance 빈 자리	les vacances 방학, 휴가

5) un été

여름	en été 여름에 été pourri 비가 많이 오는 여름	cours d'été 하기 강좌 vacances d'été 여름 방학

6) une excursion

견학 등의 가벼운 나들이	excursion à la campagne 야외 소풍

7) 명사의 복수형

-au -eau	-aux -eaux	le chapeau 모자 - les chapeaux	le gâteau 케익 - les gâteaux

8) organiser

계획, 준비하다	organiser un voyage (une fête) 여행(휴가)를 계획하다.

9) jeune

젊은	jeune homme 청년 se marier jeune 젊어서 결혼하다	être jeune de cœur 마음이 젊다. jeune courage 젊은 혈기
어린	jeune frère 남동생	être jeune dans le métier 직업에 아직 미숙한

✓ 명사 앞에 위치하는 형용사들 : 주로 짧은 형용사들이 이에 해당한다.

beau	un beau chapeau 아름다운 모자 une belle robe 아름다운 옷
bon	un bon outil 좋은 연장 (un homme bon)
grand	une grande ville 대도시 un grand arbre 큰 나무
gros	une grosse pierre 큰 돌
joli	une jolie maison 예쁜 집 une jolie fille 예쁜 소녀
long	un long voyage 긴 여행
mauvais	une mauvaise conduite 나쁜 행동
petit	un petit homme 키가 작은 남자

10) tableau

그림	accrocher un tableau au mur 벽에 그림을 걸다.
판	tableau noir 칠판

11) profiter

+ de : -을 이용하다.	Il profite d'un privilège. 그는 특권을 이용한다.
+ de qch + pour + 동사원형	Il profite de l'occasion pour s'enfuir. 그는 도망가기 위해 기회를 엿본다.

12) apprendre ~을 배우다.

j'	tu	il, elle	nous	vous	ils, elles
apprends	apprends	apprend	apprenons	apprenez	apprennent
+ 명사		Il apprend le français. 그는 프랑스어를 배운다.			
+ à + 동사원형		Il apprend à conduire. 그는 운전을 배운다.			

13) intéresser

관심을 끌다	Ce livre m'intéresse. 이 책에 관심이 있어.
관계하다	Cela intéresse mon honneur. 그건 내 명예에 관계된다.

14) s'inscrire

가입, 등록하다	s'inscrire au cours de français 프랑스어 수업을 신청하다

15) avant

전치사	장소 : -앞에	La poste est juste avant la gare. 우체국은 기차역 바로 앞에 있다.
	시간 : -이전에	Il est arrivé avant moi. 그는 나보다 먼저 도착했다. avant midi 정오 전에
부사	시간 : -전에	Réfléchissez avant! 먼저 깊이 생각하세요!

16) la place

자리	Mettez chaque chose à sa place. 물건을 제 자리에 놓으세요.
공간	faire de la place 공간을 만들다
좌석	place libre 빈 좌석 voiture à deux places 2인승 자동차
광장	place de la Concorde 콩코르드 광장
입장	Si j'étais à votre place, je partirais tout de suite. 내가 당신 입장이었다면 나는 즉시 떠날 겁니다.

1. Un stage dans les châteaux va être organisé pour les jeunes :
   성 관람은 젊은이들을 위해 모집될 것이다.
   ☐ Vrai
   ☒ Faux
   ☐ On ne sait pas

2. Quelles activités sont proposées aux jeunes amoureux des tableaux?
   그림을 좋아하는 젊은이들에게 제안된 것은 어떠한 활동인가?
   ☒ apprendre à peindre 그림 그리는 것을 배우는 것
   ☐ apprendre à jouer de la guitare 키타 연주를 배우는 것
   ☐ apprendre à jouer au football 축구를 배우는 것
   ☒ apprendre à graver 조각을 배우는 것
   ☐ apprendre à faire de la musique 음악 연주를 배우는 것

3. Les inscriptions commencent le 20 juin : 등록은 6월 20일에 시작이다.
   ☐ Vrai
   ☒ Faux
   ☐ On ne sait pas

<5>

1. Cette émissison est organisée avec
   - ☐ des chanteurs.
   - ☐ des experts.
   - ☐ des débutants.

2. Les personnes intéressées doivent téléphoner au ____________________.

3. l'information que vous avez entendue est
   - ☐ l'annonce d'une émission de radio.
   - ☐ l'annonce des informations routières.
   - ☐ l'annonce des informations météo.

해석 및 분석

1. 해 석

▶▶MP3 ⑭

Vos affaires ne marchent pas bien? Votre santé ne va pas bien? Alors, nous sommes là pour vous aider. En compagnie d'experts compétents, Jean Duvois vous donne rendez-vous en direct sur notre antenne. Si vous voulez participer à l'émission, appelez dès maintenant le 01 23 47 52 14. Et beaucoup de cadeaux vous attendent aussi.

당신 사업이 잘되지 않습니까? 건강이 좋지 않으세요? 그렇다면, 당신을 돕기 위해 우리가 여기 있습니다. 유능한 경험자들과 함께 장 뒤부아가 우리 방송에서 생중계로 당신과 만납니다. 이 방송에 참여하고 싶다면, 바로 지금 01 23 47 52 14, 01 23 47 52 14로 전화주세요. 그리고 또한 많은 선물들이 당신을 기다리고 있습니다.

2. 분 석

1) affaire

단수 : 일, 관심	C'est mon affaire. 그것은 내 일이야. L'étude est son unique affaire. 공부는 그의 유일한 관심이야.
복수 : 사업	homme d'affaires 사업가 Comment vont les affaires en ce moment? 요즘 사업 어때요?

2) marcher

걷다	marcher dans la rue 거리를 걷다 marcher d'un pas lent 천천히 걷다
가동하다	Ma montre ne marche pas bien. 시계가 작동이 잘되지 않아.

3) la compagnie

동행	Salut la compagnie! 안녕 여러분! Je vous laisse en bonne compagnie 서로 재미있게 지내세요 : 작별
회사	compagnie aérienne 항공회사 compagnie d'assurance 보험회사

4) expert

형용사 : -에 능한	Il est expert en la matière. 그는 그 문제에 정통하다.
명사 : 전문가	C'est un expert en la matière. 그는 그 문제에 전문가다.

5) direct(e)

곧은	route directe 곧은 길
직접적인	vente directe 직매 cause directe 직접적인 원인

6) participer 참가하다

+ à	participer à la grève 파업에 참여하다.

✓ 간접목적어를 요구하는 동사들

à : penser à l'avenir 미래를 생각하다 obéir à la loi 법에 복종하다.
appartenir à -에 속하다 téléphoner à -에게 전화하다.
de : profiter de l'occasion 기회를 이용하다.

7) vouloir 원하다.

je	tu	il, elle	nous	vous	ils, elles
veux	veux	veut	voulons	voulez	veulent
+ 동사원형	Je veux acheter cette maison. 이 집을 사고 싶어.				

8) beaucoup

대단히	j'aime beaucoup le cinéma. 난 영화를 매우 좋아해.
+ de + 무관사명사	Il a beaucoup d'argent (d'amis). 그는 돈(친구)이 많다.

9) aussi

역시	j'aime aussi le sport. 나는 스포츠도 좋아해.
aussi A que B : B만큼 A하다	Il est aussi grand que moi. 나만큼 키가 크다.

1. Cette émissison est organisée avec
이 방송은 ___와 함께 진행된다.

☐ des chanteurs 가수들
☒ des experts 전문가들
☐ des débutants 초보자들

2. Les personnes intéressées doivent téléphoner au
01 23 47 52 14.
관심 있는 사람들은 ______________로 전화해야 한다.

3. l'information que vous avez entendue est
당신이 들은 정보는 ___________________________이다.
☒ l'annonce d'une émission de radio 라디오 방송 안내
☐ l'annonce des informations routières 교통정보에 관한 안내
☐ l'annonce des informations météo 일기예보 정보에 관한 안내

<6>

1. Complétez le tableau suivant en mettant une croix :

Région	☀	☁	☂
Bretagne			
Sud			
Est			

2. Quelle température fera-t-il?

Paris	
Lille	
Nantes	
Nice	

해석 및 분석

1. 해 석

▸▸MP3 ⑮

Voici le bulletin météologique : du beau temps en Bretagne et en Normandie, en revanche, moins de soleil dans l'Est et il pleuvra dans le Sud. Les températures sont en hausse : 22° à Paris, 24° à Lille, 26° à Nantes et 29° de maximale pour Nice.

일기예보입니다 : 브르타뉴와 노르망디 지방은 날씨가 좋겠습니다. 반면, 동쪽은 햇볕이 덜 나겠고 서쪽 지방에는 비가 오겠습니다. 온도는 높겠습니다 : 파리는 22도, 릴은 24 도, 낭트는 26도 그리고 니스는 최고 29도까지 오르겠습니다.

2. 분 석

1) voici

소개	Voici Monsieur Dupont. 이 분은 뒤퐁씨입니다.
-이 오다	Me voici. 나 왔어요.

2) le bulletin

보고서	bulletin de naissance 호적초본	bulletin de lois 법례집
표, 란	bulletin de salaire 급료 명세표	bulletin de l'étranger 해외면

3) beau (belle)

아름다운	Il est très beau. 그는 매우 잘생겼다.	belle femme 미인
날씨가 좋은	Il fait beau. 날씨가 좋다.	
기분 좋은	beau rêve 좋은 꿈	être de belle humeur 기분이 좋다.
상당한	belle somme 상당한 금액	

✓ 남성 단수형태가 두 개인 형용사들

남성단수	모음, 묵음의 h의 남성 단수	여성단수
mou 물렁한	mol	molle
beau 아름다운	bel arbre	belle fille
vieux 낡은, 늙은	vieil homme	vieille femme

4) temps

시간	Le temps passe vite. 시간은 빨리 흐른다. gagner du temps 시간을 벌다	peu de temps après 조금 후에
시대	de notre temps 현대에는	ces derniers temps 최근
날씨	Quel temps fait-il? 날씨가 어때요?	

5) moins

적게	Il fait moins froid aujourd'hui. 오늘은 날씨가 덜 춥다.
+ de + 명사	Ça demandera moins d'argent. 그게 돈이 덜 들거야
moins A que B : B보다 덜 A하다	Il est moins rapide que moi. 그는 나보다 덜 빠르다.

6) le soleil

태양	Le soleil se lève (se couche) 해가 뜬다(진다)	
햇빛	Il fait (du) soleil. 해가 난다.	bain de soleil 일광욕

7) 비인칭 주어의 il

시간	Quelle heure est-il? 몇시죠?
날씨	Il fait mauvais. 날씨가 나빠요.
Il y a	Il y a un bel oiseau sur l'arbre. 나무에 아름다운 새가 있다.
Il est + 형용사 + de + 동사원형	Il est difficile d'apprendre l'anglais. 영어를 배우는 것은 어렵다.

8) pleuvoir

비가 오다	Il a plu ce matin. 오늘 아침에 비가 왔다. Qu'il pleuve, qu'il vente. 비가 오가 눈이 오나 틀림없이

9) la hausse

상승	hausse de la température 기온 상승 être en hausse 상승하다

10) maximal(e)

최고의	température maximale 최고 온도 vitesse maximale 최고속도

• **날씨와 관련된 표현**

<table>
<tr><td rowspan="3">Quel temps fait-il?</td><td rowspan="3">Il</td><td>fait</td><td>+ 형용사 : chaud 덥다 froid 춥다
beau 좋다 mauvais 나쁘다</td></tr>
<tr><td>동사</td><td>Il neige 눈이 온다. il pleut. 비가 온다.</td></tr>
<tr><td>y a</td><td>de + 명사 : du soleil 해가 난다.
du vent 바람이 분다.
des nuages 구름이 낀다.</td></tr>
</table>

1. Complétez le tableau suivant en mettant une croix
x로 다음 표를 완성하시오

Région	☀	☁	☂
Bretagne	×		
Sud			×
Est		×	

2. Quelle température fera-t-il? 온도가 어떻게 되는가?

Paris	22°
Lille	24°
Nantes	26°
Nice	29°

Compréhension orale

프랑스어 듣기

Chapter 3

대화 내용

<1>

Vous allez entendre trois dialogues. il y aura trois écoutes. Mettez une croix dans les cases correspondant à ce que vous entendez ou répondez aux questions :

1. Quelle est la nationalité de l'ami de Patrick? ☐ français
   ☐ italien
   ☐ anglais

2. Combien de bouteilles de vin l'ami de Patrick a-t-il amené chez Patrick?
   ☐ 5 ☐ 6 ☐ 7

3. Patrick aime beaucoup boire : ☐ Vrai ☐ Faux ☐ On ne sait pas

4. Patrick a mal : ☐ à la gorge ☐ au ventre ☐ à la tête

5. Pourquoi est-ce que Patrick ne peut pas se reposer?

해석 및 분석

1. 해 석

▸▸MP3 ⑯

– Salut, Patrick. Qu'est-ce que tu as? Tu as l'air très fatigué.
  안녕, 빠트릭. 무슨 일이야? 매우 피곤해 보이는데

– Salut, Anne. Je n'ai pas dormi de toute la nuit.
  안녕, 안느. 밤새 잠을 못잤어

– Dis-moi ce qui s'est passé.
  무슨 일이 있었는지 말해봐

– Tu connais mon copain italien Giovanni?
  너 내 이탈리아 친구 지오바니 알지?

– Oui, je le connais. [응, 알지]

– Il est venu chez moi hier soir avec cinq bouteilles de vin. C'était son anniversaire mais je ne le savais pas.
  어제 저녁에 포도주 5병을 가지고 내 집에 왔어. 어제가 그의 생일이었는데 내가 몰랐거든

– Il n'a pas d'amis en France?
  그는 프랑스에 친구가 없어?

– Non. Comme il est italien et sa famille est trop loin de lui, il n'avait personne pour fêter son anniversaire.
  없어. 이탈리아인이고 가족이 너무 멀리 떨어져 있어서 생일을 축하해 줄 사람이 없어

– Alors?
  그래서?

– On a bu jusqu'à trois heures du matin.
  새벽 3시까지 술을 마셨지

– Quoi? Mais tu ne sais pas boire!
  뭐라구? 너 술 마실 줄 모르잖아!

– Justement. J'ai mal à la tête.
  바로 그래서 머리가 아파

– Tu dois absolument te reposer aujourd'hui.
  너 오늘 절대적으로 쉬어야 해

– Mais je ne peux pas parce que j'ai mes examens à partir de la semaine prochaine.
  그렇지만 그럴 수가 없어 다음 주부터 시험이거든

– Mon pauvre garçon ! 가엾게 됐군!

2. 분 석

1) fatigué

피곤한	Je me sens fatigué. 피로를 느껴 yeux fatigués par la lecture 독서로 피곤해진 눈

2) ce qui

ce qui + 비인칭 동사	ce qui는 주어인 경우, ce qu'il은 직접목적보어인 경우에 사용한다.
Raconte-moi ce qui s'est passé. 무슨 일이 일어났는지 나에게 말해줘	
Voilà ce qu'il reste. 이게 남은 것이야	

3) connaître

je	tu	il, elle	nous	vous	ils, elles
connais	connais	connaît	connaissons	connaissez	connaissent
알다	Je ne connais pas cette actrice. 난 이 여배우를 몰라 Vous ne me connaissez pas encore. 당신 내가 누군지 아직 몰라.				

4) 국적과 국민, 그리고 언어

Allemagne 독일	Allemand 독일남자	Allemande	l'allemand 독일어
Belgique 벨기에	Belge	Belge	le belge
Chine 중국	Chinois	Chinoise	le chinois
Corée 한국	Coréen	Coréenne	le coréen
France 프랑스	Français	Française	le français
Italie 이탈리아	Italien	Italienne	l'italien
Japon 일본	Japonais	Japonaise	le japonais

5) chez

① -의 집에서

Je vais chez le coiffeur. 나 이발소에 가
Allô, je suis bien chez Monsieur Kim? 김선생님 댁입니까?

② 거주지, 나라 : -의 나라에서

Quel temps fait-il en automne chez vous? 당신 나라의 가을 날씨는 어때요?

③ -의 작품에서

On trouve ce genre de phrase chez Molière.
몰리에르 작품에서 저런 종류의 문장을 볼 수가 있어.

6) une bouteille

술, 병	bouteille d'un litre 1리터짜리 병	aimer la bouteille 술을 좋아하다

✓ 관사의 부재

① 전치사 de 뒤에

양	un verre de vin 포도주 한 잔
	Il y a beaucoup de voitures à Paris. 파리에는 많은 차가 있다.
	une boîte d'allumettes 성냥 한 갑
	un paquet de cigarettes 담배 한 갑
특성	table de travail 책상 table de nuit 머리맡 탁자
	des lunettes de soleil 썬글라스 un chapeau de soleil 차양모자
재질	une robe de soie 명주로 만든 치마
	un vase de cristal 크리스탈로 만든 꽃병
	une feuille de papier 종이 한 장
출신지	Je viens de Corée. 나는 한국 출신이다.

② 절대적 부정이란 명사를 부정하는 경우이다:

Elle ne boit pas de lait, elle n'en boit jamais.
그녀는 우유를 먹지 않는다, 그녀는 우유를 결코 먹지 않는다.

반면, 부정이 명사가 아니라, 형용사에 근거를 두거나, 부정이 전체가 아닌 일부에 걸리는 경우가 있는데 이를 상대적 부정문이라 하며, 이 경우 부분관사를 그대로 쓴다.

Elle ne boit pas du lait pasteurisé, elle boit du lait cru.
그녀는 세균 처리된 우유를 마시지 않으며 생 우유를 마신다.
Il n'a pas d'argent. 그는 돈이 없다. - 절대적 부정
Il n'a pas de l'argent à gaspiller.
그는 낭비할 돈이 없다. - 상대적 부정, 특성 등을 나타내기 위한 형용사 뒤
un verre à eau 물잔 (=pour l'eau) une tasse à thé 찻잔 (=pour le thé)
planche à voile 보드 (=avec une voile) une robe à fleurs 꽃무늬 옷

③ 부사구를 이루는데 사용되는 몇몇 전치사 뒤

avec prudence 신중하게 (=prudemment)
avec rapidité 재빠르게 (=rapidement)
en silence 조용하게 (=silencieusement)

④ 양태보어를 이루는데 사용되는 몇몇 전치사 뒤

en avion 비행기로 à pied 걸어서 salle d'attente 대기실

⑤ 전치사 sans 또는 avec

homme sans caractère 특징이 없는 남자
sans espoir 절망적
cabinet de toilette avec douche 샤워시설이 딸린 화장실

⑥ et 혹은 ou에 의한 등위적 표현들

Regarde le menu! C'est fromage et dessert? 메뉴판 좀 봐! 치즈와 후식이야?
Non, C'est fromage ou dessert. 아니, 치즈 아니면 후식이야

⑦ ne - ni - ni 구문

Il n'a ni frère ni sœur. 그는 남동생도 여동생도 없다.

⑧ 속사적으로 쓰인 명사로서 주로 직업을 나타내는 경우

Il est étudiant 학생, professeur 선생, médecin 의사, acteur 배우

⑨ 열거 혹은 나열되는 명사

Ordinateur, livres, argent, tout avait disparu. 컴퓨터, 책, 돈 모든 것이 사라졌어.

⑩ 주소를 나타내는 명사

J'habite rue du Joinville. 나는 Joinville 거리에 살아.

⑪ 앞에 있는 명사

Garçon, l'addition, s'il vous plaît! 여기 계산서 좀 갔다 주세요!

⑫ 전보나 광고

Bien arrivé, maman va bien, papa aussi.

⑬ 가게 간판이나 표지판

Boulangerie 빵가게, Entrée 입구, Musée du Louvre 루브르 박물관

⑭ 신문의 기사 제목

Tremblement de terre terrible 끔직한 지진

7) 중성대명사 le

절 전체에 의해 표현된 생각

Il a gagné le grand prix au concours. 그가 대회에서 대상을 받았어.
Je ne peux pas le croire. le = Qu'il a gagné le grand prix. 나는 그것을 믿을 수가 없어.

8) 부정의 de : 부정문에서 de 혹은 d'+모음의 형태가 된다 :

주어 + avoir, 직접타동사 + 부정관사 + 직접보어
→ 주어 + ne + avoir, 직접타동사 + de + 직접보어 구문
J'ai une voiture. → Je n'ai pas de voiture. 나는 자동차를 가지고 있다.
J'achète une maison. → Je n'achète pas de maison. 나는 집을 산다.

9) boire

je	tu	il, elle	nous	vous	ils, elles
bois	bois	boit	buvons	buvez	boivent
마시다	boire de l'eau 물을 마시다 boire un verre 한 잔 마시다				

10) 파생부사

남성 형용사	여성 형용사	부 사
heureux 행복한	heureuse	heureusement
certain 확실한	certaine	certainement
actif 활동적인	active	activement

11) 신체의 일부를 나타내는 표현

<table>
<tr><td rowspan="4">주어 + avoir + mal</td><td>au</td><td>bras 팔 pied 발 ventre 배 nez 코</td></tr>
<tr><td>à la</td><td>jambe 다리 tête 머리 main 손</td></tr>
<tr><td>à l'</td><td>œil 눈 oreille 귀</td></tr>
<tr><td>aux</td><td>yeux 눈</td></tr>
</table>

12) 감탄문 : 의문형용사와 같은 형태로서 동사는 흔히 나타나지 않는다.

Quelle belle femme! 정말 아름다운 여인이군!

Quel joli cadeau! 정말 예쁜 선물이군!

1. Quelle est la nationalité de l'ami de Patrick?
빠트릭 친구의 국적은 무엇인가?
☐ français 프랑스인
☒ italien 이탈리아인
☐ anglais 영국인

2. Combien de bouteilles de vin l'ami de Patrick a-t-il amené chez Patrick?
빠트릭의 친구가 빠트릭 집에 몇 병의 포도주를 가지고 왔는가?
☒ 5 ☐ 6 ☐ 7

3. Patrick aime beaucoup boire : ☐ Vrai ☒ Faux ☐ On ne sait pas
빠트릭은 술 마시는 것을 좋아한다.

4. Patrick a mal ______: 빠트릭은 ___가 아프다.
☐ à la gorge 목 ☐ au ventre 배 ☒ à la tête 머리

5. Pourquoi est-ce que Patrick ne peut pas se reposer?
왜 빠트릭은 쉴 수가 없는가?
Parce Qu'il a ses examens à partir de la semaine prochaine.
왜냐하면 다음 주부터 시험이기 때문이다.

<2>

1. Madame Martinez va chez le docteur
   - ☐ parce qu'elle est malade.
   - ☐ parce qu'elle veut saluer le médecin.
   - ☐ pour son mari.

2. Madame Martinez a mal
   - ☐ au ventre.
   - ☐ à la tête.
   - ☐ à la jambe.
   - ☐ à la gorge.
   - ☐ aux yeux.

3. Combien de fièvre Madame Martinez a-t-elle?

4. Qu'est-ce que Madame Martinez a fait hier?
   - ☐ Elle a fait des courses avec sa fille sous la pluie.
   - ☐ Elle a joué au tennis avec son ami sous la pluie.
   - ☐ Elle s'est promenée avec son ami sous la pluie.

5. Le médecin conseille à Madame Martinez de
   - ☐ faire du sport.
   - ☐ prendre du repos.
   - ☐ travailler.

해석 및 분석

1. 해 석

▶▶MP3 17

– Bonjour, docteur.
안녕하세요, 의사선생님.

– Bonjour Madame Martinez. Qu'est-ce qui ne va pas?
안녕하세요 마르티네 부인. 어디가 편찮으세요?

– J'ai mal partout.
온 몸이 아파요.

– Expliquez-moi ce qui s'est passé.
무슨 일이 있었는지 설명해 보세요.

– Voilà ; il pleuvait hier et je suis sortie sans parapluie. J'ai rencontré mon ami et on a marché sous la pluie. Je me suis couchée tard et quand je me suis réveillée ce matin, j'avais un mal de tête horrible.
비가 왔었는데 제가 우산 없이 외출을 했거든요. 친구를 만나서 우린 비를 맞고 걸었죠. 늦게 잠자리에 들었는데 오늘 아침에 일어나보니, 머리가 깨질듯이 아픈 거예요.

– Vous n'avez pas mal à la gorge?
목은 아프지 않으세요?

– Si. 아파요.

– Et vous avez aussi de la fièvre?
열도 있구요?

– Oui, 39 depuis hier.
예, 어제부터 39도에요

– Vous avez attrapé la grippe. Bon, je vous donne l'ordonance et allez acheter les médicaments à la pharmacie. Surtout, reposez-vous!
감기에 걸리셨네요. 처방전을 드릴 테니 약국에 가서 약을 사세요. 특히 휴식을 취하세요!

– Merci docteur, je vous dois combien?
고맙습니다, 얼마죠?

– 25 euros.
25유로입니다.

2. 분 석

1) mal

명사	악, 죄	le bien et le mal 선과 악 faire le mal 죄를 짓다.
	고통	mal insupportable 견디기 힘든 아픔
부사	나쁘게	Ça tombe mal. 일이 공교롭게 됐어.
	충분히 -않은	La salle mal chauffée 난방이 잘 되지 않은 방
	몸이 안 좋은	se sentir mal 기분이 좋지 않은

2) partout

도처에	chercher qch (qn) partout –을 사방에서 찾다. un peu partout en France 프랑스 도처에서

3) 복합과거에서 être와 결합하는 동사들 : 과거분사는 주어의 성과 수에 일치해야 한다. 장소의 변화 또는 이동을 나타내는 동사들

aller -에 가다	Je suis allé à lécole. 나는 학교에 갔다.
venir -에 오다	Il est venu me voir. 그는 나를 보러 왔다.
arriver 도착하다	Il est arrivé à l'heure. 그는 정시에 도착했다.
partir 떠나다	Elle est partie ce matin. 그녀는 오늘 아침에 떠났다.
entrer 들어오다	Il est entré dans sa chambre. 그는 자기 방으로 들어갔다.
sortir 나가다	Elle est sortie sans rien dire. 그녀는 아무 말 없이 나갔다.
monter 오르다	Il est monté à la montagne. 그는 산에 올랐다.
descendre 내려가다	Il est descendu par l'escalier. 그는 계단으로 내려왔다.
passer 지나가다	Il est passé par la fenêtre. 그는 창문으로 지나갔다.
tomber 떨어지다	l'échelle est tombée. 사다리가 쓰러졌다.

4) sans

① 대명사와 함께

a) -없이

Mon enfant est sorti sans parapluie. 내 아이가 우산도 없이 나갔어.

b) 부정을 나타내는 형용사구, 부사구

Il ne viendra pas **sans** aucun doute. 그는 틀림없이 안 올 거야.

Il pleut sans cesse. 끊임없이 비가 온다.

⑤ 부정법과 함께 : -함이 없이

Elle est partie **sans** dire un mot. 그녀는 말 한마디 없이 떠났어.

Je ne peux pas rester comme ça **sans** rien faire.

아무 것도 안하고 이렇게 가만히 있을 수는 없어.

5) 과거분사에서 모든 대명동사들은 être와 결합한다.

Il(Elle) s'est levé(e) à 7 heures. 그(녀)는 7시에 일어났다.

6) 자주 쓰이는 대명동사들

s'en aller 가다	Je m'en vais. 나는 간다.
s'amuser 즐기다	Amusez-vous bien! 재미있게 즐기세요!
s'appeler 불리다	Je m'appelle Xavier. 내 이름은 자비에입니다.
s'arrêter 정지하다	Le taxi s'arrête devant ma porte. 택시가 우리 집 앞에 멈춘다.
s'asseoir 앉다	Asseyez-vous! 앉으세요!
se blesser 상처를 입다	Il s'est blessé à la tête. 그는 머리를 다쳤다.
se coucher 잠을 자다	Il se couche tard. 그는 늦게 잔다.
se dépêcher 서두르다	Dépêchez-vous! On va être en retard. 서두르세요! 우리 늦겠어요.
s'habiller 치장하다	Elle ne sait pas s'habiller. 그녀는 옷을 입을 줄 몰라
s'intéresser 관심 있다	Je m'intéresse beaucoup au cinéma. 난 영화에 관심이 많다.
se laver 씻다	Il se lave les mains. 그는 손을 씻는다.
se lever 일어나다	Il se lève tôt. 그는 일찍 일어난다.
se mettre 몸을 두다	Mettez-vous à table! 식탁에 앉으세요!
se promener 산책하다	Il se promène dans la rue. 그는 거리를 산책한다.
se reposer 휴식하다	Reposez-vous un peu! 좀 쉬세요!
se réveiller 깨다	Il s'est réveillé à six heures. 그는 6시에 깼다.
se servir	Servez-vous! 어서 드세요!
se souvenir 기억하다	Je me souviens de votre nom. 당신 이름이 기억나요.

7) 목적어를 두 개 취하는 동사들

apporter	사물 à 사람	-을 -에게 가져오다	apporter un cadeau à X X에게 선물을 가져오다
demander		-을 -에게 요구하다	demander une aide à X X에게 도움을 청하다
donner		-을 -에게 주다	donner un livre à X X에게 책을 주다
écrire		-을 -에게 쓰다	écrire une lettre à X X에게 편지를 쓰다
emprunter		-을 -에게 빌리다	emprunter de l'argent à X X에게 돈을 빌리다
envoyer		-을 -에게 보내다	envoyer un colis à X X에게 소포를 보내다
expliquer		-을 -에게 설명하다	expliquer la situation à X X에게 상황을 설명하다
montrer		-을 -에게 보이다	montrer une carte à X X에게 지도를 보여주다.
prêter		-을 -에게 빌려주다	prêter un stylo à X X에게 만년필을 빌려주다
proposer		-을 -에게 제안하다	proposer le mariage à X X에게 결혼을 제안하다
raconter		-을 -에게 이야기하다	raconter une histoire à X X에게 이야기를 하다
rendre		-을 -에게 돌려주다	rendre une bague à X X에게 반지를 돌려주다

8) 가격을 묻는 표현

Ça coûte combien?	Ça coûte X.
C'est combien?	C'est X.
Ça fait combien?	Ça fait X.
Je vous dois combien?	

1. Madame Martinez va chez le docteur
마르티네 부인은 ___ 때문에 의사에게 간다.
☒ parce Qu'elle est malade. 그녀가 아프기 때문에
☐ parce Qu'elle veut saluer le médecin. 의사에게 인사하기를 원해서
☐ pour son mari. 남편 때문에

2. Madame Martinez a mal 마르티네 부인은 __가 아프다.
☐ au ventre. 배
☒ à la tête. 머리
☐ à la jambe. 다리
☒ à la gorge. 목
☐ aux yeux. 눈

3. Combien de fièvre Madame Martinez a-t-elle?
마르티네 부인은 열이 몇 도인가?
39도

4. Qu'est-ce que Madame Martinez a fait hier?
마르티네 부인은 어제 무엇을 했는가?
☐ Elle a fait des courses avec sa fille sous la pluie.
그녀는 비를 맞으며 딸과 장을 봤다.
☐ Elle a joué au tennis avec son ami sous la pluie.
그녀는 비를 맞으며 친구와 테니스를 쳤다.
☒ Elle s'est promenée avec son ami sous la pluie.
그녀는 비를 맞으며 친구와 산책을 했다.

5. Le médecin conseille à Madame Martinez de
의사는 마르티네부인에게 __할 것을 충고했다.
☐ faire du sport. 운동할 것을
☒ prendre du repos. 휴식을 취할 것
☐ travailler. 일할 것

<3>

1. La scène se passe
   ☐ dans un restaurant.
   ☐ dans un hôtel.
   ☐ dans un magasin de chaussures.
   ☐ dans un magasin de vêtements.

2. La cliente
   ☐ veut acheter une jupe.
   ☐ veut échanger une jupe.
   ☐ veut seulement regarder des vêtements.

3. La cliente demande
   ☐ la même jupe dans une autre couleur.
   ☐ la même jupe dans une autre taille.
   ☐ une autre jupe dans une autre couleur.

4. Quelle couleur sa fille préfère-t-elle?

5. Finalement, la cliente a pris la jupe.
   ☐ Vrai ☐ Faux ☐ On ne sait pas

해석 및 분석

1. 해 석

▸▸MP3 ⑱

– Bonjour, madame. Vous cherchez quelque chose?
안녕하세요, 부인. 무엇을 찾으세요?

– Hier, j'ai acheté une jupe bleue pour ma fille mais elle est trop petite. Est-ce que vous avez une autre taille?
어제, 내 딸을 위해 푸른 색 치마를 샀는데 너무 작아요. 다른 치수는 없나요?

– Un instant, s'il vous plaît. Je vais voir... On a une autre taille, mais ce n'est pas la même couleur.
잠깐만요. 찾아볼께요... 다른 치수가 있기는 한데 같은 색깔이 아닌데요.

– Ah bon? C'est quoi, comme couleur?
아 그래요? 어떤 색깔인데요?

– Rouge, madame.
붉은 색이요, 부인.

– Ma fille aime beaucoup le bleu, mais le rouge est aussi beau que le bleu. Qu'est-ce que vous en pensez?
내 딸은 파란 색을 아주 좋아하지만 붉은 색도 파란 색만큼 예쁘네요.

– Je la trouve bien. 붉은 색도 좋다고 생각해요.

– Mais je ne sais pas si ma fille aime cette couleur ou pas.
그렇지만 내 딸이 이 색깔을 좋아할지 모르겠네요.

– Téléphonez-lui. C'est plus sûr.
전화해 보세요. 그게 더 확실하죠.

– Oui, vous avez raison.
예, 당신 말이 옳아요.

2. 분 석

1) autre 부정형용사

또 하나의	Donnez-moi un autre verre. 한 잔 더 주세요.
부정관사 +시간 명사 : 미래의 어느	Venez me voir un autre jour. 다른 날 와 주세요.
정관사 + 시간 명사 : 과거의 어느	l'autre fois 지난번에

✐ 자주 쓰이는 형용사들

ancien 구식의 – moderne 현대식의	absent 부재중인 – présent 자리에 있는
chaud 더운 – froid 추운	court 짧은 – long 긴
difficile 어려운 – facile 쉬운	doux 부드러운 – dur 딱딱한
faible 약한 – fort 강한	gauche 왼쪽의 – droite 오른 쪽의
gentil 친절한 – méchant 짓궂은	grand 큰 – petite 작은
haut 높은 – bas 낮은	jeune 젊은 – vieux 나이 든
libre 시간이 있는 – occupé 바쁜	lourd 무거운 – léger 가벼운
mauvais 나쁜 – bien 좋은	mince 날씬한 – gros 뚱뚱한
vieux 오래된 – neuf 새것의	pauvre 가난한 – riche 부유한
possible 가능한 – impossible 불가능한	
premier 첫 번째의 – dernier 마지막의	

2) 중성대명사 en

a) 부정관사 혹은 부분관사가 선행한 명사

Tu as un chien? Oui j'en ai un. 너 개 가지고 있니? 응, 한 마리를 가지고 있어.
Vous avez des enfants? Oui, j'en ai deux. 아이들이 있어요? 예, 두 명 있습니다.
Tu as de la chance. Tu en as toujours. 너는 운이 좋구나. 너는 항상 그래

b) 전치사 de가 선행하는 사물명사

Je m'occupe de ces affaires. = Je m'en occupe. 내가 그 일을 맡을게
Il s'occupe de sa mère. = Il s'occupe d'elle. 그는 어머니를 돌본다.

c) 명사의 보어

Tu as vu l'émission sur les animaux hier? 너 어제 동물들에 대한 방송을 봤니?
J'en ai vu une partie seulement. = une partie de l'émission
단지 일부만 봤어.

d) 출신지 또는 근원지의 장소에 대한 보어

Tu es déjà allé chez Marie? Oui, j'en arrive juste à l'instant. =j'arrive de chez elle 너 마리네 집에 벌써 갔었니? 응, 거기에서 막 오는 길이야

3) avoir + 무관사 : 동사구

avoir	peur 두렵다	froid 춥다	chaud 덥다
	sommeil 잠이 온다	faim 배고프다	soif 목이 마르다
	envie de -하고 싶다	besoin de -가 필요하다	

✓ 직업을 나타내는 명사들

acteur(trice) 배우	musicien(ne) 음악가	vendeur(se) 판매인
avocat(e) 변호사	journaliste 기자	professeur 교사, 교수
médecin 의사	infirmier(ère) 간호사	pharmacien(ne) 약사
plombier 세관공	coiffeur(se) 이발사	chauffeur 운전기사
écrivain 작가	artiste 예술가	secrétaire 비서
jardinier(ère) 정원사	commerçant(e) 상인	étudiant(e) 대학생
hôtesse de l'air 스튜디어스		

1. La scène se passe 이 장면은 ______에서 일어나고 있다.
   - ☐ dans un restaurant 식당에서
   - ☐ dans un hôtel 호텔에서
   - ☐ dans un magasin de chaussures 신발가게에서
   - ☒ dans un magasin de vêtements 옷가게에서

2. La cliente 손님은
   - ☐ veut acheter une jupe 치마를 사려고 한다.
   - ☒ veut échanger une jupe 치마를 교환하려고 한다.
   - ☐ veut seulement regarder des vêtements 옷을 구경만 하려 한다.

3. La cliente demande : 손님은 -을 요구한다.
   - ☐ la même jupe dans une autre couleur 다른 색깔의 같은 치마
   - ☒ la même jupe dans une autre taille 치수가 다른 같은 치마
   - ☐ une autre jupe dans une autre couleur 다른 색깔의 또 다른 치마

4. Quelle couleur sa fille préfère-t-elle? Le bleu
   그녀의 딸이 좋아하는 색깔은 무엇인가? 파란 색

5. Finalement, la cliente a pris la jupe. ☐ vrai ☐ faux ☒ on ne sait pas
   결국 손님은 치마를 샀다.

<4>

1. La scène se passe : ☐ à la poste.
☐ dans un magasin.
☐ à la gare.

2. Où l'homme veut-il aller?

3. Le tarif en première classe du train est de ☐ 140 euros.
☐ 150 euros.
☐ 160 euros.

4. Ça prend 3 heures pour aller à Paris
☐ Vrai ☐ Faux ☐ On ne sait pas

5. Il n'achète pas le billet de première classe
☐ parce que c'est trop cher.
☐ parce qu'il n'y a pas de place libre.
☐ parce qu'il aime voyager en seconde classe.

해석 및 분석

1. 해 석

▸▸MP3 ⑲

— Je voudrais acheter un billet de train pour Paris, s'il vous plaît !
파리행 기차표를 사고 싶은데요!
— Aller et retour?
왕복이요?
— Non, aller simple.
아니요, 편도요.
— Vous voulez en première classe ou en seconde classe?
일등칸이요 아니면 이등칸이요?
— C'est combien, la première classe?
일등칸은 얼마죠?
— 140 euros.
140유로요.
— Ah, c'est trop cher pour moi. Je prends le billet de seconde classe.
너무 비싸네요. 이등칸표 주세요.
— D'accord. Le train part à 14 heures.
알았습니다. 기차는 14시에 떠나요.
— Il est midi, donc, il reste encore deux heures. À quelle heure le train arrive-t-il à Paris?
지금이 정오니까 아직 2시간 남았군요. 기차가 파리에 몇 시에 도착하죠?
— À 17 heures.
17시오.
— Merci beaucoup.
고맙습니다.

2. 분 석

1) 서 수

① 형 태

a) 숫자에 -ème를 붙여 만든다 : deux - deuxième trois - troisième

b) 21e (vingt et unième), 31e (trente et unième), 41e (quarante et unième)

Au concours, il a été reçu vingt et unième sur deux cents candidats.
대회에서 그는 200명의 후보자 중 21위를 했다.

② 용법

a) 형용사로서 서수는 속사 (attributs) 또는 부가사 (épithètes) 의 기능을 하는데, 역할에 따라 의미가 바뀐다.
l'équipe chinoise est arrivée première.
속사 : 중국 팀이 맨 먼저 (선두로) 도착했다.
La première équipe était japonaise. 첫 번째 팀은 일본 팀이었다.

b) 한정사 (관사, 소유형용사 또는 지시형용사) 가 선행할 수 있다
Mon deuxième enfant a gagné le grand prix au concours.
내 두 번째 아이가 경연대회에서 대상을 받았어.

c) 서수는 수에 일치한다.
Ce sont les troisièmes Jeux Olympiques auxquels il participe.
이것은 그가 참가하는 3번째 올림픽 경기이다.

d) 파생 부사인 -ment 는 서수에서부터 시작된다.
premièrement 첫 번째로, deuxièmement 두 번째로

2) la classe

학급	camarade de classe 학우 Cette classe est toujours bruyante. 이 학급은 항상 시끄럽다.
수업	suivre la classe de musique 음악수업을 받다.
계급	classe ouvrière 노동자 계급 classes moyennes 중산계층
등급	voyager en seconde classe 2등칸으로 여행하다. classe économique 경제석
학년	classe supérieure 고학년 entrer en 6e classe 6학년에 올라가다.

3) cher(ère)

사랑하는	mon cher ami 사랑하는 친구에게
비싼	Cette voiture est trop chère. 이 자동차는 너무 비싸다.

✐ 위치에 따라 의미가 달라지는 형용사들

ancien	un ancien lycée 이전의 고등학교	un meuble ancien 오래된 가구
cher	cher ami 친애하는 친구	un livre cher 비싼 책
grand	un grand homme 위대한 사람	un homme grand 키가 큰 남자
jeune	un jeune professeur 신임 선생	un professeur jeune 젊은 선생
pauvre	une pauvre femme 가련한 여인	une femme pauvre 가난한 여인
propre	mon propre argent 내 소유의 돈	une robe propre 깨끗한 치마
seul	un seul enfant 독자	un enfant seul 홀로 된 아이

✐ 형용사의 여성형

-er : -ère	léger 가벼운 - légère premier 첫 번째의 - première

4) 복합도치 (l'inversion complexe) 의문문

복합도치는 주어가 명사군 또는 인칭대명사, 대명사 on과 ce 이외의 다른 대명사인 경우에 일어난다. 이 경우, 명사 또는 대명사는 원래 위치에 있으면서 동사 뒤에 il(s), 또는 elle(s)로 되풀이 된다 :

평서문	복합도치 의문문
Son frère a une maison. 그의 동생은 집을 소유하고 있다.	Son frère a-t-il une maison?
Pierre et Marie ont une fille. 삐에르와 마리는 딸이 있다.	Pierre et Marie ont-ils une fille?
Quelqu'un est venu me voir. 누군가가 나를 보러 왔다.	Quelqu'un est-il venu me voir?

1. La scène se passe : ☐ à la poste 우체국에서
이 장면은 __에서 일어나고 있다. ☐ dans un magasin 상점에서
☒ à la gare 역에서

2. Où l'homme veut-il aller? 이 사람은 어디를 가려고 하는가?
Il veut aller à Paris. 파리에 가려고 한다.

3. Le tarif train en première classe est de ☒ 140 euros
일등칸의 기차표 값은 ☐ 150 euros
☐ 160 euros

4. Ça prend 3 heures pour aller à Paris 파리에 가는데 3시간이 걸린다.
☒ Vrai ☐ Faux ☐ On ne sait pas

5. Il n'achète pas le billet de première classe 그는 일등칸 표를 사지 않았는데
☒ parce que C'est trop cher 너무 비싸기 때문에
☐ parce Qu'il n'y a pas de place libre 빈자리가 없기 때문에
☐ parce Qu'il aime voyager en seconde classe
이등칸으로 여행하는 것을 좋아해서

<5>

1. La conversation a eu lieu
   - ☐ au restaurant.
   - ☐ à la poste.
   - ☐ au musée.

2. Les clientes veulent commander :
   - ☐ un apéritif.
   - ☐ une bière.
   - ☐ un repas.

3. La cliente ne prend pas le plat du jour
   - ☐ parce qu'elle n'aime pas le poulet.
   - ☐ parce que ça prend trop de temps à préparer.
   - ☐ parce que ça coûte trop cher.

4. Qu'est-ce qu'elles choisissent comme boisson?

5. Pourquoi est-ce qu'elles sont si pressées?

해석 및 분석

1. 해 석

▸▸MP3 ⑳

— Bonjour mesdames.
안녕하세요.

— Bonjour monsieur. J'ai réservé une place pour deux personnes au nom de Madame Sylvie.
안녕하세요. 실비 부인이름으로 두 사람 자리를 예약했는데요.

— Venez par ici.
이쪽으로 오세요.

— ...

— La carte, s'il vous plaît.
메뉴판을 주세요.

— La voilà, madame.
여기에 있습니다.

— Alors, moi, je vais prendre un bifteck bien cuit avec des frites. Et toi Laura? Qu'est-ce que tu vas prendre?

— 자, 나는 감자튀김과 잘 익힌 스테이크를 먹을래. 로라 너는? 뭐 먹을래?

— Qu'est-ce que vous avez comme plat du jour?
오늘의 추천메뉴가 뭐죠?

— Du poulet au riz, madame.
쌀이 곁들인 닭요리입니다.

— C'est parfait. 좋아요.

— Pour le poulet au riz, il faut attendre une demi-heure.
쌀이 곁들인 닭요리는 30분 정도 기다리셔야 합니다.

— Ah bon? Mais on doit prendre le train dans une heure. Je vais choisir l'omelette aux champignons.
아 그래요? 하지만 우린 한 시간 안에 기차를 타야 하거든요. 버섯이 들어간 오믈렛을 고를게요.

— Qu'est-ce que vous voulez comme dessert?
후식으로는 무엇을 드시겠어요?

— Moi, je prends de la glace.
난 아이스크림을 먹을래요.

– Pour moi, une tarte aux pommes.
난 사과파이를 먹을게요.
– Et pour le boisson?
음료수는요?
– Une bouteille d'eau minérale, s'il vous plaît.
광수(鑛水) 한 병 주세요.

2. 분 석

1) la personne

명사 : 사람	personne âgée 고령자 personne de qualité 훌륭한 사람
부정대명사 : 아무도	Personne ne le sait. 아무도 그것을 모른다.

2) la carte

엽서	la carte de visite 명함 la carte de restaurant 메뉴
지도	la carte touristique 관광지도
표	la carte d'abonnement 정기 승차권 la carte d'étudiant 학생증

3) le plat

접시	apporter les plats sur la table 식탁에 요리 접시를 가져오다
음식	manger un plat froid 찬 음식 요리를 먹다

4) le jour

날, 일	dans trois jours 3일 후에 le jour férié 휴일 Quel jour est-ce aujourd'hui? 오늘이 무슨 요일입니까?

5) il faut +동사원형 : -해야만 한다 = 주어 + devoir +동사원형

On doit partir demain matin = Il faut partir demain matin.

내일 아침에 떠나야 해

6) choisir

je	tu	il, elle	nous	vous	ils, elles
choisis	choisis	choisit	choisissons	choisissez	choisissent

선택하다	choisir un métier 직업을 선택하다 Qu'est-ce que vous choisissez comme dessert? 후식으로 무엇을 선택하시겠어요?

✐ 먹는 것 또는 마시는 것을 나타내는 어휘들

마시는 것	bouteille 병	café 커피	eau 물
	jus 쥬스	lait 우유	verre 한 잔
먹는 것	baguette 바게뜨	beurre 버터	chocolat 초코렛
	fromage 치즈	pain 빵	glace 아이스크림
	pomme 사과	pomme de terre 감자	riz 쌀
	sucre 설탕	viande 고기	
기타	déjeuner 점심	dessert 후식	dîner 저녁
	marché 시장	plat 음식	

1. La conversation a eu lieu
이 대화는 __에서 이루어지고 있다.
☒ au restaurant 식당에서
☐ à la poste 우체국에서
☐ au musée 미술관에서

2. Les clientes veulent commander :
손님들은 ___을 주문하길 원한다.
☐ un apéritif 전식
☐ une bière 맥주
☒ un repas 식사

3. La cliente ne prend pas le plat du jour 손님은 오늘의 요리를 먹지 않았는데
☐ parce Qu'elle n'aime pas le poulet.
왜냐하면 그녀는 닭을 좋아하지 않기 때문이다.
☒ parce que ça prend trop de temps à préparer.
왜냐하면 준비하는데 시간이 너무 걸리기 때문이다.
☐ parce que ça coûte trop cher.
왜냐하면 가격이 너무 비싸기 때문이다.

4. Qu'est-ce Qu'elles choisissent comme boisson?
그녀들은 음료수로 무엇을 선택하는가?
Elle prennent d'eau minérale. 그녀들은 광수를 마신다.

5. Pourquoi est-ce Qu'elles sont si pressées? 그녀들은 왜 그렇게 서두르는가?
Parce Qu'elles doivent prendre le train dans une heure.
왜냐하면 그녀들은 한 시간 내에 기차를 타야 하기 때문이다.

Compréhension orale

프랑스어 듣기

Chapter

4

전화 및 메시지

<1>

1. Qui n'a pas vu le film?
   - ☐ Jean
   - ☐ Béatrice
   - ☐ Léon

2. l'acteur principal s'appelle
   - ☐ Alain Delon.
   - ☐ Arnaud.
   - ☐ Alain.

3. Jean n'a pas pu voir ce film :
   - ☐ parce qu'il n'était pas en France.
   - ☐ parce qu'il avait un examen.
   - ☐ parce qu'il n'aime pas le film d'action.

4. Quel genre de film Béatrice aime-t-elle?
   - ☐ les films d'action.
   - ☐ les films d'aventure.
   - ☐ les films fantastique.

5. Béatrice n'a pas vu le film "Léon" parce qu'elle n'aime pas les films d'action.
   - ☐ Vrai.
   - ☐ Faux.
   - ☐ On ne sait pas.

해석 및 분석

1. 해 석

▸▸MP3 ㉑

— Allô?
여보세요?
— Salut, Jean. C'est moi, Béatrice. Comment ça va?
안녕, 장. 나야 베아트리쓰. 어떻게 지내?
— Ah c'est toi. Ça va et toi?
아 너구나. 잘 지내는데 너는?
— Pas mal. Qu'est-ce que tu fais ce soir?
나쁘지 않아. 오늘 저녁에 뭐해?
— Je vais regarder le film "Léon" avec Arnaud à la télé.
나는 TV에서 아르노가 주연한 영화 "레옹"을 볼 거야
— Comment ça, à la télé? Tu ne l'as pas vu au cinéma?
TV에서 보다니? 너 극장에서 그 영화 안봤니?
— Malheureusement non. Quand ce film était sorti, j'étais en Corée. Alors, je l'ai raté.
불행하게도 못봤어. 영화가 나왔을 때 나는 한국에 있었어. 그래서 그 영화를 놓쳤지
— Ah, c'est vrai.
아, 맞다
— On m'a beaucoup parlé de ce film. À ton avis. c'est un film intéressant?
사람들이 그 영화에 대해 많이 말을 하던데. 네 생각에는 재미있는 영화니?
— Personnellement, je pense que non. En fait, je l'ai vu, mais je n'aime pas les films d'action.
개인적으로는 별로야. 사실 나도 그 영화를 봤지만 나는 액션영화를 좋아하지 않아
— Ah bon? Quel genre de film aimes-tu?
아 그래? 어떤 종류의 영화를 좋아하는데?
— Moi, j'adore les films d'aventure, comme "Indiana Jones".
나는 "인디아나 존스"같은 모험 영화를 아주 좋아해

2. 분 석

1) 속어 또는 은어적 표현들

la télévision 텔레비전 - la télé	le réfrigérateur 냉장고 - le frigo
le dictionnaire 사전 - le dico	sympathique 상냥한 - sympa
le restaurant 식당 - le resto	

2) 직접목적보어 인칭대명사와 과거분사

a) 단순시제

• 직접목적보어 인칭 대명사는 항상 동사 앞에 위치한다.

Je regarde la télé. 나는 TV를 본다. → Je la regarde.
Je déteste le football. 나는 축구를 아주 싫어한다. → Je le déteste.

• me, te, nous, vous는 사람을 나타내는 반면, le, la, les는 사람 혹은 사물을 나타낸다:

Je te présente à Marie. 너를 마리에게 소개할게.
Tu connais Jean? Oui, je le connais bien. 너 장을 아니? 응, 나는 그를 잘 알아 : 사람

b) 복합시제

• avoir가 조동사가 쓰인 복합시제에서 과거분사는 직접목적보어의 성과 수에 일치한다:

Tu connais Marie? Oui, je l'ai rencontrée hier.
너 마리를 알고 있니? 응, 그녀를 어제 만났어.
Tu as trouvé un appartement? Oui, je l'ai trouvé hier.
너 아파트 구했니? 응, 그것을 어제 구했어 : 사물

3) le film

영화	film-annonce 예고편	tourner un film 영화촬영하다.

4) rater

놓치다	rater une chance 기회를 놓치다. rater son train 기차를 놓치다. rater un plat 음식을 망치다

5) un avis

의견	donner son avis 의견을 내다	partager l'avis de qn -와 같은 의견
통지	avis de réception 수령통지서	avis de décès 사망 통지서

✓ 복수형만이 존재하는 명사들

les frais 비용　les fiançailles 약혼식　les funérailles 장례식

6) intéressant(e)

흥미로운	Il est intéressant de +동사원형 : -하는 것은 흥미롭다.
유리한	prix intéressant 유리한 가격

1. Qui n'a pas vu le film? ☒ Jean ☐ Béatrice ☐ Léon
   누가 영화를 보지 않았는가?

2. l'acteur principal s'appelle ☐ Alain Delon ☒ Arnaud ☐ Alain
   주연배우의 이름은 __ 이다.

3. Jean n'a pas pu voir ce film : 장은 이 영화를 볼 수 없었다.
   ☒ parce qu'il n'était pas en France. 왜냐하면 프랑스에 없었기 때문이다.
   ☐ parce qu'il avait un examen. 시험이 있었기 때문이다.
   ☐ parce qu'il n'aime pas le film d'action. 액션영화를 안 좋아하기 때문이다.

4. Quel genre de film Béatrice aime-t-elle?
   베아트리쓰는 어떤 종류의 영화를 좋아하는가?
   ☐ les films d'action 액션영화
   ☒ les films d'aventure 모험영화
   ☐ les films fantastique 환타지 영화

5. Béatrice n'a pas vu le film "Léon" parce qu'elle n'aime pas les films d'action.
   베아트리쓰는 레옹 영화를 안 봤는데 왜냐하면 액션영화를 좋아하지 않기 때문이다.
   ☒ Vrai ☐ Faux ☐ On ne sait pas

<2>

1. L'anniversaire de Fabian est : ☐ hier.
   ☐ aujourd'hui.
   ☐ demain.

2. Où était Cécile? ☐ elle était à la maison.
   ☐ elle était à la bibliothèque.
   ☐ elle était au cinéma.

3. Roland a déjà acheté le cadeau d'anniversaire.
   ☐ Vrai ☐ Faux ☐ On ne sait pas

4. Qu'est-ce que Fabian aime comme sport?

   ____

5. Ils vont lui offrir ☐ une place pour le match de football.
   ☐ une place pour le concert de rock.
   ☐ une place pour le match de tennis.

해석 및 분석

1. 해 석

▸▸MP3 ㉒

— Cécile! Où étais-tu? Je te cherchais partout.
쎄실! 어디 있었니? 너를 사방으로 찾아 다녔어.

— Salut Roland. j'étais à la bibliothèque. Qu'est-ce qu'il y a?
안녕 롤랑. 나 도서관에 있었어. 무슨 일 있어?

— Tu sais, demain c'est l'anniversaire de Fabian.
너 그거 아니, 내일이 파비안 생일이야.

— Déjà? Je croyais qu'il restait encore quelques jours. Il faut acheter son cadeau d'anniversaire. Et toi? Tu as acheté quelque chose?
벌써? 나는 며칠 남았다고 생각했는데. 생일선물을 사야겠네. 너 뭐 샀어?

— Non, pas encore. Je n'en ai aucune idée. Qu'est-ce qu'on doit acheter?
아니, 아직. 생각이 전혀 떠오르지 않아. 무엇을 사야 할까?

— Attends! Il vaut mieux acheter ce qu'il veut. Qu'est-ce qu'il aime? La musique?
잠깐만. 파이안이 원하는 것을 사는 것이 좋겠어. 그가 무엇을 좋아하지? 음악인가?

— Mais non. Il déteste la musique. Par contre, il adore le football.
천만에. 그는 음악을 아주 싫어해. 반면에 축구를 아주 좋아해.

— Ça tombe bien parce qu'il y aura un match de football au Parc des Princes. On va lui offrir une place pour ce match.
잘됐네. 왜냐하면 팍크 대 프랑스에서 축구경기가 있어. 이 시합 표를 주면 되겠네.

— C'est une très bonne idée.
그거 좋은 생각이야.

2. 분 석

1) déjà

이미, 벌써	Je vous l'ai déjà dit. 그것에 대해 벌써 말했어요. Ça n'est déjà pas si mal. 그것만으로도 과히 나쁘지 않군.

2) quelque

단수	어느, 어떤	quelque part 어느 곳에
복수	몇몇의	dire quelques mots à qn -에게 몇 마디 말하다.

3) encore

아직	Il est encore étudiant. 그는 아직 학생이다.
또	Il a encore gagné. 그는 또 이겼다.
그밖에	Qu'est-ce que tu veux encore? 그 밖에 더 뭐를 원해?

4) aucun(e) : 항상 ne와 함께 쓰인다.

① 형용사

Cela n'a aucune importance pour moi. 그것은 내게 전혀 중요하지 않아.
Je n'ai aucune envie de travailler avec lui. 그와 일하고 싶은 생각이 추호도 없어.

② 대명사

Aucun ne me plaît. 그 어떤 것도 내 마음에 안든다.
Je n'ai lu aucun de ces livres. 나는 이 책들 중에 어느 것도 읽지 않았어.

5) mieux

비교급	Marie chante mieux que Sophie. 마리는 소피보다 노래를 더 잘한다.
최상급	C'est lui qui dessine le mieux de nous tous. 우리들 중에서 가장 그림을 잘 그리는 사람은 그다.

✐ 불규칙한 비교급 형태

Cet homme est meilleur que je ne pensais. 이 남자는 내가 생각했던 것 보다 더 낫다.
Marie chante mieux que Sophie. 마리는 소피보다 노래를 더 잘 한다.

bon	meilleur	
bien	mieux	
mauvais	plus mauvais	
	pire	강조의 형태

6) tomber

떨어지다	j'ai failli tomber. 나는 넘어질 뻔 했다.
내리다	La pluie tombe fort. 비가 심하게 내린다.
-이 되다	tomber malade(amoureux). 병(사랑)에 걸리다(빠지다).

7) non

non은 oui 또는 si에 반대되는 개념으로서 부정절 전체를 대체한다. 또한, non은 전체 의문에 대한 부정적 답변이다

Tu pars demain? Non , je ne pars pas demain

너 내일 떠나니? 아니 =내일 떠나지 않아.

Il cherche encore un travail? J'espère que non.

그는 아직도 일자리를 찾고 있니? J'espère qu'il a trouvé un travail .

✐ non - plus : aussi의 부정이다

j'aime le football. Et toi? Moi aussi.

Je n'aime pas le football. Et toi? Moi non plus.

나는 축구를 좋아하지 않아. 너는? 나도 마찬가지야

1. L'anniversaire de Fabian est ________ : 파비안의 생일은 ______다.
   ☐ hier 어제 ☐ aujourd'hui 오늘 ☒ demain 내일

2. Où était Cécile? 쎄실은 어디에 있었는가?
   ☐ Elle était à la maison. 집에 있었다.
   ☒ Elle était à la bibliothèque. 도서관에 있었다.
   ☐ Elle était au cinéma. 극장에 있었다.

3. Roland a déjà acheté le cadeau d'anniversaire. 롤랑은 이미 생일선물을 샀다.
   ☐ Vrai ☒ Faux ☐ On ne sait pas

4. Qu'est-ce que Fabian aime comme sport? Il adore le football.
   파비안은 어떤 스포츠를 좋아하는가? 축구를 아주 좋아한다.

5. Ils vont lui offrir ______________.
   그들은 그에게 __________을 주려고 한다.
   ☒ une place pour le match de football. 축구경기 좌석표
   ☐ une place pour le concert de rock. 락콘서트표
   ☐ une place pour le match de tennis. 테니스 경기 좌석표

<3>

Vous allez entendre des messages laissés par 5 personnes différentes sur un répondeur téléphonique. Il y aura dix secondes entre chaque énoncé pour vous permettre de répondre à la question posée en cochant la bonne réponse. Attention, pour chaque message, il n'y aura qu'une seule écoute.

1. Il s'agit :
   - ☐ d'une annulation de rendez-vous.
   - ☐ d'une réservation de train.
   - ☐ d'une demande de secours.

2. Quelle est la profession de la femme qui a téléphoné à Monsieur Martin?
   - ☐ infirmière
   - ☐ secrétaire
   - ☐ professeur

3. Pourquoi est-ce que le directeur ne peut pas rencontrer Monsieur Martin demain?

4. Qu'est-ce qu'elle demande à Monsieur Martin?
   - ☐ Elle lui demande de venir demain.
   - ☐ Elle lui demande d'aller voir un autre médecin.
   - ☐ Elle lui demande de téléphoner demain.

해석 및 분석

1. 해 석

▸▸MP3 ㉓

Monsieur Martin? Excusez-moi de vous appeler si tard. Je suis secrétaire du directeur Maxime. Vous avez un rendez-vous avec le directeur demain soir, mais il ne pourra pas vous recevoir demain parce qu'il doit partir à Paris demain matin à cause d'une affaire urgente. Pourriez-vous me rappeler demain pour fixer un nouveau rendez-vous? Merci.

마르탱씨? 이렇게 늦은 시간에 전화를 드려서 죄송합니다. 저는 막심 국장님의 비서입니다. 내일 저녁에 국장님과 약속이 되어 있으신데, 국장님이 급한 용무 때문에 내일 아침에 파리로 떠나야 하기 때문에 선생님을 만날 수가 없게 되었습니다. 새로 약속을 정하기 위해 제게 내일 전화를 해주시길 바랍니다, 고맙습니다.

2. 분 석

1) excuser

용서하다	Veuillez excuser mon retard. 늦은 것을 용서해 주세요. Excusez-moi d'avoir oublié notre rendez-vous. 우리 약속을 잊어버린 것에 대해 죄송합니다.
변명하다	Il cherche à excuser sa faute. 그는 자신의 실수를 변명하려 애쓴다.

2) appeler

부르다	appeler qn de la main -를 손짓으로 부르다. appeler le médecin 의사를 부르다. appeler qn au téléphone -를 전화로 부르다.

✐ -eler 로 끝나는 동사들(appeler)

je	-elle	nous	-elons
tu	-elles	vous	-elez
il, elle	-elle	ils, elles	-ellent

3) tard

늦게	se coucher(lever) tard 늦게 잠자리에 들다 (일어나다) Il se fait tard. 밤이 깊어간다. tôt ou tard 다소간

4) recevoir

je	tu	il, elle	nous	vous	ils, elles
reçois	reçois	reçoit	recevons	recevez	reçoivent

받다	recevoir une lettre 편지를 받다. recevoir de l'argent 돈을 받다.
접대하다	recevoir qn à dîner –를 저녁식사에 초대하다.

5) parce que - 때문에

parce que 일반적 표현	Il n'est pas venu parce qu'il est malade. 그는 아프기 때문에 오지 않았다.
puisque 확실한 사실	Puisque vous le voulez, je partirai. 당신이 원한 이상, 난 떠나겠어요.
car 문장 연결 : 그 까닭은	Ferme la porte, car j'ai froid. 나 추우니까 문을 닫아.
comme 문장 앞 : -이니까	Comme il est malade, il n'est pas venu. 그는 아프기 때문에 오지 않았다.

6) 조건법현재

Je	-rais	Nous	-rions
Tu	-rais	Vous	-riez
Il, Elle	-rait	Ils, Elles	-raient

✐ 미래에 실현될 수 있는 사실

Si j'avais le temps, je vous accompagnerais. 시간이 허락되면, 당신과 동행할께요.

✐ 현재 실현되지 않은 사실

Si j'avais vingt ans de moins (maintenant), je vous épouserais.
내가 지금 20살만 젊었어도, 당신과 결혼할 텐데.

✐ 과거에 실현되지 못한 사실

Si j'avais trouvé un travail plutôt, je gagnerais beaucoup d'argent.
내가 일자리를 일찍 찾았었더라면 많은 돈을 벌었을 텐데.

- 독립절에서의 조건법

✐ 추측에 연관되어 발생될 수 있는 일

Ne faites pas de bruit; l'enfant s'éveillerait.
소리 내지 마세요. 애가 깰 수도 있어요.

✐ 부드럽거나 겸손의 표현이나 확실하지 않은 가정

Je voudrais vous parler. 당신과 말하고 싶어요.
On dirait qu'il a peur. 그가 두려워하는 것 같은데.

1. Il s'agit : ☒ d'une annulation de rendez-vous 약속 취소
   이것은 ----에 관한 것이다. ☐ d'une réservation de train 기차 예약
   ☐ d'une demande de secours 도움 요청

2. Quelle est la profession de la femme qui a téléphoné à Martin?
   마르탱에게 전화를 한 여인의 직업은 무엇인가?
   ☐ infirmière 간호원
   ☒ secrétaire 비서
   ☐ professeur 교수

3. Pourquoi est-ce que le directeur ne peut pas rencontrer Monsieur Martin demain? 왜 국장은 마르탱씨를 만날 수 없는가?
   Parce qu'il doit partir à Paris demain matin à cause d'une affaire urgente.
   왜냐하면 그는 급한 용무 때문에 내일 아침에 파리에 가야 하기 때문이다.

4. Qu'est-ce qu'elle demande à Monsieur Martin?
   그녀가 마르탱씨에게 부탁한 것은 무엇인가?
   ☐ Elle lui demande de venir demain. 그녀는 내일 그에게 오라고 부탁했다.
   ☐ Elle lui demande d'aller voir un autre médecin.
   또 다른 의사를 보러 가라고 부탁했다.
   ☒ Elle lui demande de téléphoner demain. 내일 전화할 것을 부탁했다.

<4>

1. Qu'est-ce que Laurent va faire?
   - ☐ Il va ouvrir un magasin d'alimentation.
   - ☐ Il va ouvrir un magasin de vêtements.
   - ☐ Il va ouvrir un magasin de sport.

2. Où est-ce qu'il va ouvrir son magasin? ______________________.

3. Laurent a emprunté de l'argent à :
   - ☐ son père.
   - ☐ son oncle.
   - ☐ la banque.

4. Nicolas a laissé le message à Laurent :
   ☐ Vrai ☐ Faux ☐ On ne sait pas

해석 및 분석

1. 해 석

▸▸ MP3 24

Allô! Ici Laurent. Comme tu le sais bien, j'ai toujours rêvé de travailler dans les articles de sports. Ça y est! j'ai enfin réalisé mon rêve. Je vais ouvrir un magasin de sport à Paris. j'ai expliqué mes projets concrets à mon oncle et il m'a promis de me prêter de l'argent. Maintenant, je cherche quelqu'un qui peut m'aider et j'ai pensé à ton cousin Nicolas qui s'intéresse beaucoup aux sports. Il cherche toujours un travail? Si oui, tu peux lui parler de ma proposition? s'il veut travailler avec moi, dis-lui de m'appeler. Tu connais mon numéro de téléphone? Merci d'avance. Réponds-moi vite.

여보세요! 나 로랑이야. 너도 잘 알겠지만, 내가 스포츠 분야에서 일하는 것이 항상 꿈이었잖아. 이제 됐어! 마침내 내 꿈이 실현됐어. 파리에 스포츠 상점을 열 거야. 삼촌에게 나의 구체적인 계획을 설명했더니 나에게 돈을 빌려주시겠다고 약속했어. 지금 나를 도와줄 사람을 찾고 있는데 스포츠에 많은 관심을 갖고 있는 내 사촌인 니콜라가 생각이 났어. 그 친구 아직도 일자리 찾고 있니? 만일 그렇다면 그에게 내 제안에 대해 말해줄 수 있어? 그가 나와 함께 일하고 싶다면, 나에게 전화하라고 말해줘. 너 내 전화번호 알고 있지? 고마워. 빨리 답변을 주기바래.

2. 분 석

1) le magasin

상점	magasin d'alimentation 식료품점 employé de magasin 점원 grand magasin 백화점

2) concret

구체적인	citer un exemple concret 구체적인 예를 들다

3) prêter

빌려주다	prêter de l'argent à un ami 친구에게 돈을 빌려주다

4) quelqu'un : 남성 또는 여성의 사람을 나타낸다

Est-ce Qu'il y a quelqu'un? 누구 있습니까?
Quelqu'un est venu te voir. 어떤 사람이 너를 보러 왔어.

✐ quelqu'un de + 남성 형용사 또는 부사

Comment est-il? C'est quelqu'un de bien. 그 사람 어때? 좋은 사람이야

✐ quelqu'un à + 동사원형

j'ai quelqu'un à voir. (=Je dois voir quelqu'un) 나 봐야 할 사람이 있어.

5) 관계대명사

① qui

• 주어, 사람의 전치사보어

J'ai un ami. Il vient de Corée.
J'ai un ami qui vient de Corée.
나는 한국에서 온 친구가 있다.
Le client qui est satisfait 만족한 손님
C'est un collaborateur sur qui on peut compter.
그는 우리가 믿을 수 있는 협력자다.

• ce qui + 비인칭 동사 : ce qui는 주어인 경우, ce qu'il

Raconte-moi ce qui s'est passé. 무슨 일이 일어났는지 나에게 말해줘
Volà ce qu'il reste. 이게 남은 것이야

② que : 직접목적어, 속사

l'itinéraire que je suis 내가 간 여정
le grammairien qu'il était 문법학자였던 그

1. Qu'est-ce que Laurent va faire? 로랑은 무엇을 하려 하는가?
   ☐ Il va ouvrir un magasin d'alimentation. 식료품점을 열려고 한다.
   ☐ Il va ouvrir un magasin de vêtements. 옷가게를 열려고 한다.
   ☒ Il va ouvrir un magasin de sport. 스포츠 용품점을 열려고 한다.

2. Où est-ce qu'il va ouvrir son magasin? À Paris
   그의 가게를 어디에다 열려고 하는가?

3. Laurent a emprunté de l'argent à : 로랑은 __에게 돈을 빌리는가?
   ☐ son père 아버지
   ☒ son oncle 삼촌
   ☐ la banque 은행

4. Nicolas a laissé le message à Laurent : 니콜라는 롤랑에게 메시지를 남겼다.
   ☐ Vrai ☐ Faux ☒ On ne sait pas

<5>

1. Il s'agit : ☐ d'une invitation à un mariage.
   ☐ d'une demande en mariage.
   ☐ d'une nouvelle de décès.

2. Arnaud parle ☐ à une fille.
   ☐ à un garçon.
   ☐ à son frère.

3. Quand est-ce que Marie et Arnaud se marient?
   ☐ mercredi prochain
   ☐ vendredi dernier
   ☐ vendredi prochain

4. Pourquoi est-ce qu'ils se marient le plus vite possible?______________

해석 및 분석

1. 해석

▸▸MP3 ㉕

Bonsoir Brigitte, C'est Arnaud. Tu n'es pas à la maison. Voilà, Marie et moi, on va se marier vendredi prochain. Cette nouvelle peut être une surprise pour toi, mais ça fait déjà deux ans qu'on s'aime. On voulait se marier un peu plus tard, mais Marie a trouvé un travail à Paris et elle va le commencer à partir du mois prochain. Alors, on a décidé de fixer la date de notre mariage le plus vite possible. Et j'ai téléphoné à Daniel, mais personne n'a répondu. Si tu peux le contacter, venez ensemble. Allez, je te laisse. On se voit vendredi prochain!

안녕 브리지트. 나 아르노야. 너 지금 집에 없구나. 다름이 아니라 마리와 나는 다음 주 금요일에 결혼을 해. 이 소식이 너에게는 놀랍기도 하겠지만 우리가 서로 사랑한지 벌써 2년이 됐어. 우린 조금 뒤에 결혼을 하려고 했지만 마리가 파리에서 일자리를 구해서 다음 달부터 파리에서 일을 시작하거든. 그래서 가능한 한 빨리 결혼식 날짜를 잡기로 결정했어. 그리고 내가 다니엘에게 전화를 했는데 아무도 안 받더라. 그 친구와 연락이 닿으면 함께 와. 자 그만 끊을게. 다음 주 금요일에 보자!

2. 분석

✓ 두 사람 이상의 주어 :

nous는 1인칭 단수 주어인칭대명사를 포함한 2인 이상의 경우를 의미한다 :
Paul et moi, nous sommes étudiants. 뽈과 나는 학생이다.

1) vous는 2인칭 단수 주어인칭 대명사를 포함한 2인 이상의 경우를 말한다.
Marie et toi, vous allez au cinéma? 마리하고 너 극장에 가니?

✓ vous는 상대방이 한 사람일지라도 그가 존경의 대상이 되거나 예의를 갖추는 경우에도 사용한다 :

Comment allez-vous? Je vais bien, merci. Et vous?
어떻게 지내세요? 잘 지냅니다. 당신은요?

2) on은 항상 주어로 쓰이는 대명사로서 여러 가지 기능을 한다.

✓ on이 nous와 같이 복수형의 대명사를 대체하는 경우라도, 동사는 항상 단수를 사용한다는 것에 유의해야 한다 :

Marie et moi, on va partir en vacances. 마리와 나는 휴가를 떠날거야.

✓ 반면, on이 nous를 의미하는 것이 명확한 경우 복합시제에서 과거분사는 성과 수에서 on이 대체하는 주어와 일치해야 한다 :

Marie, Pierre et moi, on est allés à l'école. 마리, 뻴, 그리고 나 이렇게 우리는 학교에 갔다.

✓ 최근 젊은이들 사이에 구어에서 nous 대신 on을 쓰는 경향이 두드러지게 늘고 있다.

✓ 지시형용사와 지시대명사

1) 지시형용사(l'adjectif démonstratif)

① 형태

남성단수	모음, h로 시작하는 남성단수	여성단수	남, 여 복수
ce	cet	cette	ces

② 용법

a) 한정적 가치 : 정관사와 마찬가지로 한정적 가치를 가지는데, 흔히 손 혹은 머리와 같은 신체의 일부를 사용하여 그 대상을 지칭하기도 한다.

j'ai acheté cette voiture. 나는 이 자동차를 샀어.

b) 방금 언급하였거나, 곧 언급할 사람 혹은 사물을 나타낸다.

Écoute cette histoire! 이 이야기를 들어봐!
Tu connais bien cet homme qui vient de te téléphoner?
너한테 방금 전화한 그 남자를 너 잘 알고 있니?

c) 부사 -ci와 함께 가까운 시간대를 나타낸다.

Tu travailles trop ces jours-ci. (hier 어제, avant-hier (그제)
너 요즘 너무 열심히 공부하는데.

d) 부사 -là와 함께 약간 거리가 있는 시간대를 나타낸다(과거)

Il faisait très froid ce matin-là. 그날 아침 날씨가 몹시 추웠다.

e) -ci와 -là와 함께 대립되거나 구체화시키는데 사용한다.

Je choisis ce livre-ci, et toi, tu choisis ce livre-là.
나는 여기 이 책을 고를 테니까 너는 저기 저 책을 골라.

f) 분노, 업신여김, 존경 또는 예의 등과 같은 감정을 나타낸다.

Ah, ces élèves! 아, 이 한심한 학생들 같으니라구!
Qu'est-ce que je sers à ces messieurs? 손님들 무엇을 드시겠습니까?

g) en ce moment은 현재를 나타내는 반면 à ce moment-là는 과거 혹은 미래에 관한 표현에 사용된다.

Il est absent en ce moment. 그는 현재 자리에 없습니다.
Paul est entré à ce moment-là. 바로 그 순간에 뽈이 들어왔다.

2) 지시대명사 (le pronom démonstratif)

① 형 태

<table>
<tr><th colspan="2">단 수</th><th colspan="2">복 수</th><th colspan="2">중 성</th></tr>
<tr><th>남 성</th><th>여 성</th><th>남 성</th><th>여 성</th><th colspan="2">ce</th></tr>
<tr><td>celui</td><td>celle</td><td>ceux</td><td>celles</td><td colspan="2">c' + 모음</td></tr>
<tr><td>celui-ci</td><td>celle-ci</td><td>ceux-ci</td><td>celles-ci</td><td>ceci</td><td>cela</td></tr>
<tr><td>celui-là</td><td>celle-là</td><td>ceux-là</td><td>celles-là</td><td colspan="2">ça</td></tr>
</table>

② 용 법

a) 단순형태(celui, ceux, celle, celles)

- 전치사 de

▸ de + 소유의 의미를 나타내는 명사

Quelle jolie voiture! Elle est à toi? Non, c'est celle de mon père.
예쁜 차인데! 네 꺼니? 아니, 나의 아버지의 것이야

▸ de + 부사

Tu as regardé le match de football hier? 너 어제 축구 경기 봤니?
Oui, mais celui d'aujourd'hui sera plus intéressant.
응, 하지만 오늘 경기가 더 흥미로울 거야.

- 관계대명사

Montrez-moi le livre, celui que vous lisez. 당신이 읽고 있는 책을 제게 보여주세요.
Tu as vu le film, celui dont tout le monde parle en ce moment?
너 요즘 모든 사람들이 말하고 있는 그 영화를 봤니?

b) 복합형태 (celui-ci, celui-là, ceux-ci, ceux-là, celle-ci, celle-là, celles-ci, celles-là)

- 문맥에 의해 한정되는 명사

Il a invité ses amis à dîner ; ceux-ci ont apporté beaucoup de cadeaux.
그는 저녁 식사에 친구들을 초대했어 ; 그들은 많은 선물을 가져왔어.

- 지시형용사가 선행하는 명사

Cette voiture est très belle, mais celle-là me semble plus pratique.
이 자동차는 아주 예뻐, 하지만 저 차가 더 실용적일 것 같아.

- 대립의 가치

▸ ci는 가까운 것을 나타내고 -là는 먼 것을 나타낸다.

Celui-ci coûte plus cher que celui-là. 이것이 저것보다 더 비싸.

▸ ci는 후자, -là는 전자를 나타낸다.

j'ai un chien et une chatte ; celle-ci est mignonne, mais celui-là est moche.
나는 개와 고양이가 있어 : 고양이는 예쁜데 개는 못생겼어.

▸ ci은 어떤 것, -là는 또 다른 어떤 것을 나타낸다.

Il y avait beaucoup de femmes, celles-ci chantaient, celles-là dansaient.
많은 여인들이 있었는데, 어떤 여인들을 노래를 했고 또 다른 여인들은 춤을 췄다.

c) 중성형 (ceci, cela, ça, c')

- 중성형 지시대명사들은 명사를 대신하는 것이 아니라 절을 대신한다. 따라서 생물을 나타내는 명사를 대체할 수 없다.
- 원칙적으로 ceci는 앞으로 언급할 내용을 대체하는 반면 cela는 이미 언급한 내용을 대체한다.

Écoutez bien ceci! : Vous devez partir demain.
이것을 잘 들으세요. 당신은 내일 떠나야 해요.

- ça

▸ cela의 구어체적 표현이다.

Qu'est-ce que c'est que ça? 이게 도대체 뭐야?

▸ 보어대명사를 동반한 비인칭 동사와 함께 쓰인다.

Tu aimes ce livre? Non, ça ne me plaît pas.

이 책을 좋아하니? 아니, 그것은 내 마음에 들지 않아.

- ce

▸ 중성관계절을 유도한다.

Je ne comprends pas ce que tu dis. 네가 말하는 것을 이해 못하겠어.

▸ être, pouvoir être, devoir être의 주어로서 소개 혹은 강조의 뜻을 나타낼 때 쓰인다.

Qui est cet homme sur la photo? C'est mon père.

사진 속에 이 남자는 누구니? 내 아버지셔.

Qui a cassé ce vase? C'est moi. 이 꽃병을 누가 깼지? 제가요.

3) 정해지지 않은 지속성

시작의 시점은 정해져 있으나 행위나 사건이 완료되는 시점은 정해지지 않은 경우로서 상태 (état) 또는 계속되는 행위를 나타내는 시간의 표현들에 의해 표시된다.

① depuis + 시간의 표현(숫자, 부사, 날짜, 사건)

j'habite à Paris	depuis	trois ans 3년 전부터
		longtemps 오래 전부터
		le 6 juillet 7월 6일부터
		la mort de ma femme. 나의 아내가 죽은 후부터

② il y a + 시간의 표현 (숫자, 부사) + que

Il y a	trois mois	que	J'habite à Paris. 내가 파리에 산지 3개월 (오래)이다.
	longtemps		

③ ça fait + 시간의 표현 (숫자, 부사) + que

Ça fait	un an	que	J'habite à Paris. 내가 파리에 산지 1년이다.
	peu de temps		내가 파리에 산지 얼마 되지 않았다.

④ voilà + 시간의 표현(숫자, 부사) + que

Volià	un an	que	J'habite à Paris.
	peu de temps		

1. Il s'agit : 이것은 -관한 것이다.
   ☒ d'une invitation à un mariage 결혼 초대에
   ☐ d'une demande en mariage 결혼 신청에
   ☐ d'une nouvelle de décès 사망 소식에

2. Arnaud parle
   아르노는 __ 말을 한다.
   ☒ à une fille 여자에게
   ☐ à un garçon 남자에게
   ☐ à son frère 남동생에게

3. Quand est-ce que Marie et Arnaud se marient?
   마리와 아르노는 언제 결혼식을 하는가?
   ☐ mercredi prochain 다음 주 수요일
   ☐ vendredi dernier 지난 주 금요일
   ☒ vendredi prochain 다음 주 금요일

4. Pourquoi est-ce Qu'ils se marient le plus vite possible?
   왜 이들은 가능한 한 빨리 결혼을 하는가?
   Parce que Marie a trouvé un travail à Paris et elle va le commencer à partir du mois prochain.

<6>

1. La fille va rentrer
   - ☐ plus tôt que d'habitude.
   - ☐ comme d'habitude.
   - ☐ plus tard que d'habitude.

2. Quelle est la raison de son retard :
   - ☐ Elle doit soigner sa copine.
   - ☐ Elle va faire des courses.
   - ☐ Elle a un rendez-vous avec son amie.

3. Pour quelle raison la fille doit-elle s'occuper de son amie?
   - a) parce que son ami ne sait pas cuisiner. ☐ vrai ☐ faux
   - b) parce que ses parents ne veulent pas soigner leur fille. ☐ vrai ☐ faux
   - c) parce que ses parents ne sont pas en France. ☐ vrai ☐ faux

4. Quel est le numéro de téléphone de l'hôpital?

5. Que dit la fille à sa mère avant de raccrocher?
   Elle lui dit
   - ☐ de l'attendre.
   - ☐ de vérifier la fermeture de la porte.
   - ☐ de laisser la porte ouverte.

해석 및 분석

1. 해 석

▸▸MP3 ㉖

Allô, maman! Tu connais mon amie Léa? Elle a eu un accident de voiture et elle est à l'hôpital. Comme ses parents voyagent en Asie, elle n'a personne pour s'occuper d'elle. Alors, je vais à l'hôpital pour la soigner et je rentrerai tard ce soir. Je suis désolée mais je ne peux pas dîner avec toi. Je te téléphone dans une cabine téléphonique parce que j'ai laissé mon téléphone portable au bureau. Donc, je te donne le numéro de téléphone de l'hôpital au cas où tu as besoin de me téléphoner. Le numéro de téléphone est le 01 24 58 24 12. Allez, je te laisse et n'oublie pas de fermer la porte à la clé.

여보세요, 엄마! 내 친구 레아 알지? 그 친구가 자동차 사고를 당해서 병원에 있어. 그 친구 부모님이 아시아를 여행 중이셔서 그녀를 돌보아줄 사람이 아무도 없거든. 그래서 친구를 간호하기 위해 나 병원에 가니까 오늘 저녁에 많이 늦을 거야. 유감스럽지만 엄마하고 저녁을 먹을 수가 없겠어. 휴대폰을 사무실에 두고 와서 지금 공중전화에서 전화를 하고 있어. 그래서 혹 나한테 전화할 일이 있을까봐 병원 전화번호를 가르쳐줄게요. 번호가 01 24 58 24 12야. 그럼 끊을게요. 그리고 열쇠로 문 잠 근는 것을 잊지 마시구요.

2. 분 석

1) allô 전화상에서 : 여보세요?

Allô? Pierre est là, s'il vous plaît? 여보세요? 삐에르 있습니까?	Ne quittez pas. Je vous le passe. 끊지 마세요. 바꿔 드릴께요.

✐ 전화에 관련된 표현

• 전화를 걸었을 때

Je voudrais parler à M. X.	S'il vous plaît!	X씨와 통화하고 싶은데요.
Est-ce que M. X est là?		X씨 자리에 계십니까?
Je suis bien chez M. X?	X씨 집이죠?	

- **전화를 받았을 때**

Qui est à l'appareil?	전화하신 분은 누구시죠?
Il n'est pas là.	그는 자리에 없는데요.
Il est sorti.	그는 외출했습니다.
Ne quittez pas. Je vous le passe.	잠깐 기다리세요. 그를 바꿔 줄께요.

- **상대방의 말이 잘 들리지 않을 때**

Pardon? Comment?	뭐라구요?
Je vous entends mal.	안들리는데요.
Je ne vous entends pas bien.	잘 들리지 않아요.
Qu'est-ce que vous dites?	뭐라고 하셨죠?
Pouvez-vous répéter, s'il vous plaît?	다시 한 번 말씀해 주시겠어요?
Pouvez-vous parler plus fort?	좀 크게 말씀하시겠어요?

2) maman 엄마

가족 간에 친근하게 사용하는 어휘들			
père 아버지	papa 아빠	mère 어머니	maman 엄마
oncle 삼촌	tonton	grand-père (mère) 할아버지(할머니) pépé (mémé)	

3) connaître

je	tu	il, elle	nous	vous	ils, elles
connais	connais	connaît	connaissons	connaissez	connaissent
알다	Tu connais Marie? 너 마리를 알고 있니?				

4) un accident 사고

un accident d'avion 비행기 사고	en cas d'accident 사고 났을 때	un accident de la route 교통사고

5) comme

- 처럼	Il est rapide comme l'éclair. 그는 번개처럼 빠르다.
- 같이	Je veux devenir médecin comme lui. 나는 그처럼 의사가 되고 싶어.
- 로서	Je vous dis ça comme un ami. 난 친구로서 당신께 그것을 말합니다.

6) 국가를 나타내는 명사와 전치사

à : 남성명사 앞	au Japon 일본에, Canada 캐나다에
en : -e로 끝나는 여성명사 앞	en Corée 한국에, Italie 이탈리아에

7) s'occuper de

맡다	Je m'occupe de ça. 그것을 내가 맡을게요.
돌보다	Occupe-toi de ton jeune frère. 네 동생을 돌봐라.

8) 양태 조동사 (les auxiliaires modaux)

a) devoir

Je	dois	Nous	devons
Tu	dois	Vous	devez
Il, Elle	doit	Ils, Elles	doivent

• 의무 (l'obligation : 해야 한다)

Je dois terminer ce travail avant midi. 나는 이 일을 정오 전에 끝내야 한다.

• 강한 가능성

Paul n'est pas venu à l'école, il doit être malade.
뽈이 학교에 오지 않은 걸 보니, 아픈 것임에 틀림없어.
Elle n'est pas venue, elle a dû rater son avion.
그녀는 오지 않은 것을 보니, 비행기를 놓친 게 틀림없어.

b) pouvoir

Je	peux	Nous	pouvons
Tu	peux	Vous	pouvez
Il, Elle	peut	Ils, Elles	peuvent

- 가능성

Je peux changer mon billet d'avion? 제가 비행기표를 바꿀 수 있나요?

- 물리적 능력

Il peut courir 100 mètres en dix secondes. 그는 100미터를 10초에 달릴 수 있다.

- 허가

Tu peux sortir. 너는 외출해도 돼

c) vouloir

Je	veux	Nous	voulons
Tu	veux	Vous	voulez
Il, Elle	veut	Ils, Elles	veulent

- 소망 : Je veux devenir médecin comme lui. 나는 그처럼 의사가 되고 싶어.

Vous allez entendre deux messages téléphoniques. Pour chaque message, il y aura trois écoutes. Mettez une croix dans les cases correspondant à ce que vous entendez ou répondez aux questions :
당신은 두 개의 전화 메시지를 듣게 될 것입니다. 각 메시지에 대해 세 번씩 듣게 될 것입니다. 당신이 들은 것에 해당하는 □에 x를 하거나 질문에 답하시오.

1. La fille va rentrer
   딸은 ______ 귀가할 것이다.
   □ plus tôt que d'habitude. 평소보다 일찍
   □ comme d'habitude. 평소와 마찬가지로
   ☒ plus tard que d'habitude. 평소보다 더 늦게

2. Quelle est la raison de son retard :
   그녀의 늦은 귀가의 이유는 무엇인가?
   ☒ Elle doit soigner sa copine. 그녀는 친구를 돌봐줘야 한다.
   □ Elle va faire des courses. 그녀는 장을 볼 것이다.
   □ Elle a un rendez-vous avec son amie. 그녀는 친구와 약속이 있다.

3. Pour quelle raison la fille doit-elle s'occuper de son amie?
   어떤 이유로 해서 딸은 친구를 돌봐줘야 하는가?
   a) parce que son ami ne sait pas cuisiner. □ vrai ☒ faux
   그 친구가 요리를 할 줄 모르기 때문에
   b) parce que ses parents ne veulent pas soigner leur fille.
   그 부모님이 딸을 돌보길 원치 않아서 □ vrai ☒ faux
   c) parce que ses parents ne sont pas en France. ☒ vrai □ faux
   그 부모님이 프랑스에 없기 때문에

4. Quel est le numéro de téléphone de l'hôpital? 병원 전화번호는 몇 번인가?
   01 24 58 24 12.

5. Que dit la fille à sa mère avant de raccrocher?
   딸은 엄마에게 전화를 끊기 전에 뭐라고 하는가?
   Elle lui dit
   □ de l'attendre. 그녀를 기다리라고
   ☒ de vérifier la fermeture de la porte. 문 잠그는 것을 확인하라고
   □ de laisser la porte ouverte. 문을 열어 놓으라고

<7>

1. Qui téléphone?
   ☐ Xavier.
   ☐ Luc.
   ☐ Isabelle.

2. Il téléphone pour . . . (2 réponses)
   ☐ lui annoncer qu'il est malade.
   ☐ lui présenter sa cousine.
   ☐ demander des informations à son ami.
   ☐ lui demander de passer le voir ce week-end.

3. Quand va-t-il retourner à l'école?
   ☐ avant lundi prochain
   ☐ à partir de lundi prochain
   ☐ demain

해석 및 분석

1. 해석

▸▸MP3 27

Salut, Xavier. C'est moi Luc. Écoute, j'ai mal au ventre parce que j'ai trop mangé de glace hier soir. C'est pour ça que je ne suis pas allé à l'école aujourd'hui. Le médecin m'a conseillé de me reposer jusqu'à ce week-end. Je t'ai dit que je te présenterai ma cousine Isabelle ce week-end, mais je suis obligé d'annuler notre rendez-vous. Je te promets de te la présenter la prochaine fois. En fait, comme je ne peux pas aller à l'école jusqu'à ce vendredi, je m'inquiète beaucoup des examens qui commencent à partir de la semaine prochaine. Quand tu rentreras, appelle-moi pour me donner des informations sur les examens. Allez, salut. . et j'attends ton appel.

안녕, 자비에. 나야 뤽. 네가 어제 저녁에 아이스크림을 너무 많이 먹어서 배가 아프거든. 그래서 오늘 학교에도 못 갔어. 의사는 이번 주말까지 휴식을 취하라고 충고하더라구. 너에게 이번 주말에 내 사촌인 이자벨을 소개시켜 준다고 말했는데 우리 약속을 취소해야 할 것 같아. 다음 번에 그녀를 소개시켜 줄 것을 약속할게. 사실 이번 주 금요일까지 학교에 갈 수가 없기 때문에 다음 주부터 시작하는 시험에 대해 걱정이 많아. 너 집에 오는 데로, 시험에 대한 정보 좀 알 수 있게 전화해줘. 안녕, 전화 기다릴게.

2. 분석

1) C'est

Qui est-ce?	C'est + 사람이름	C'est Pierre.
	C'est + 부정관사 + 명사	C'est un étudiant.
Qu'est-ce que C'est?	C'est + 부정관사 + 명사	C'est un livre.
C'est quoi ça?		

✓ 발췌

a) C'est + . . . + 관계대명사

Qui va résoudre ce problème? C'est toi? 누가 이 문제를 해결할래? 너니?

C'est moi qui ai gagné le grand prix. 대상을 받은 사람은 나야.

b) C'est + ... + que에 의해 유도되는 절

C'est à Paris que j'ai fait mes études. 내가 공부를 한 곳은 파리에서야.
Ce n'est pas pour moi que je fais ça, C'est pour toi!
내가 그것을 한 것은 나를 위한 것이 아니라 너를 위한 것이야!

c) si . . c'est parce que. . . 또는 si . . . , c'est que . . .

Si je me lève tôt, c'est parce que je peux gagner du temps.
내가 일찍 일어나는 것은, 시간을 절약할 수 있기 때문이야
S'il n'a pas téléphoné, c'est que tout va bien.
그가 전화를 하지 않는다는 것은, 모든 것이 잘 된다는 뜻이지

2) 시간과 때

le matin 아침		l'après-midi 오후	le soir 저녁	la nuit 밤
avant-hier 그제	hier 어제	aujourd'hui 오늘	demain 내일	après-demain 모레

3) médecin

의사	appeler le médecin 의사를 부르다 consulter le médecin 의사의 진찰을 받다	femme médecin 여의사 cabinet du médecin 진료실

4) 화법

직접화법은 말을 하는 화자가 누군가가 했던 말을 단순히 되풀이하는 방식으로 : 와 « »으로 구분 된다 :

Il m'a dit : «Je t'aide. » 그는 내게 말했다 : 내가 얼마나 너를 찾았는데.

반면에 간접화법은 보어의 형태와 도입 동사에 관련하여 간접적인 방식으로 표현하는 화법이다.

Il m'a dit qu'il m'aidait. 그는 나를 돕겠다고 내게 말했다.

직접화법의 문장에서 주절의 동사의 시제가 직설법, 미래 또는 조건법인 경우 간접화법으로 바뀌었을 때 동사의 시제에는 변화가 없다. 반면, 주절의 동사가 과거시제인 경우 직접화법에서 간접화법으로 바꿀 때 보어절의 시제에 변화가 생긴다. 간접화법을 유도하는 동사에는 다음과 같은 것들이 있다.

① 명령법 → 부정법 (l'infinitif)

Il m'a ordonné : «Pars immédiatement.» 그는 내게 명령했다 : 〈즉시 떠나〉
→ Il m'a ordonné de partir immédiatement.

② 동사의 시제변화

a) 현재 → 반과거

Il a dit : «Je suis content de ce résultat» 그는 말했다 : 〈이 결과에 만족해〉

→ Il a dit qu'il était content de ce résultat.

b) 복합과거 → 대과거

Il a avoué : «j'ai commis une erreur» 그는 자백했다 : 〈내가 잘못을 했어〉

→ Il a avoué qu'il avait commis une erreur.

c) 단순미래 → 조건법 현재

Il a annoncé : «Je reviendrai bientôt.» 그는 말했다 : 〈곧 돌아올께〉

→ Il a annoncé qu'il reviendrait bientôt.

d) 전미래 → 조건법 과거

Il a dit : «Je reviendrai quand j'aurai terminé le travail»

→ Il a dit qu'il reviendrait quand il aurait terminé le travail.

e) 근접미래 (aller + 동사의 원형) → aller의 반과거 + 동사의 원형

Il a dit : «Je vais acheter une voiture.»

→ Il a dit qu'il allait acheter une voiture.

③ 인칭의 변화

a) 주절에서 간접목적보어 인칭대명사가 1인칭 (m', nous)

- 종속절의 주어가 2인칭인 경우 (Tu, vous) : Tu → je, Vous → nous

Il m'a dit : «Tu travailles beaucoup»

→ Il m'a dit que je travaillais beaucoup

Il nous a dit : «Vous travaillez beaucoup»

→ Il nous a dit que nous travaillions beaucoup.

- 종속절의 주어가 1인칭인 경우 (Je) → il

Il m'a dit : «Je cherche un appartement»

→ Il m'a dit qu'il cherchait un appartement.

b) 주절에서 간접목적보어가 3인칭인 경우(à son ami, ses étudiants. .)

- 종속절의 주어가 1인칭인 경우 (Je) - il

Il a dit à son ami : «Je cherche un appartement»
→ Il a dit à son ami qu'il cherchait un appartement.

- 종속절의 주어가 2인칭인 경우 (Tu, Vous) - il, ils

Il a dit à son ami : «Tu travailles beaucoup»
→ Il a dit à son ami qu'il travaillait beaucoup.
Il a dit à ses étudiants : «Vous travaillez beaucoup»
→ Il a dit à ses étudiants qu'ils travaillaient beaucoup.

④ 화법에서 시간을 나타내는 표현의 변화

직접화법	간접화법
hier	la veille
avant-hier	l'avant-veille
la semaine dernière	la semaine précédente
l'année dernière	l'année précédente
aujourd'hui	ce jour-là
demain	le lendemain
après-demain	le surlendemain
la semaine prochaine	la semaine suivante
le mois prochain	le mois suivant
l'année prochaine	l'année suivante

1. Qui téléphone?
   누가 전화를 하는가?
   - ☐ Xavier.
   - ☒ Luc
   - ☐ Isabelle

2. Il téléphone pour . . . 2 réponses) 그는 - 때문에 전화를 한다.
   - ☒ lui annoncer qu'il est malade. 그가 아프다는 것을 그에게 알리기 위해
   - ☐ lui présenter sa cousine. 그에게 사촌을 소개시켜 주기 위해
   - ☒ demander des informations à son ami. 그의 친구에게 정보를 얻기 위해
   - ☐ lui demander de passer le voir ce week-end.
     이번 주말에 그를 보러 들릴 것을 요구하기 위해

3. Quand va-t-il retourner à l'école? 그는 언제 학교로 돌아가려고 하는가?
   - ☐ avant lundi prochain 다음 주 월요일 전
   - ☒ à partir de lundi prochain 다음 주 월요일부터
   - ☐ demain 내일

Compréhension orale

프랑스어 듣기

Chapter 5

응용편

<1>

▸▸ MP3 ㉘

1. Comment s'appelle-t-il? ______________________

2. Quelle est sa nationalité? ______________________

3. Quel âge a-t-il? ______________________

4. Il est né à Lyon, mais il travaille à Paris :
   ☐ vrai ☐ faux ☐ on ne sait pas

5. Il adore le cinéma :
   ☐ vrai ☐ faux ☐ on ne sait pas

6. Quel sport aime-t-il?
   ☐ le football ☐ le tennis ☐ le basketball

7. D'après cette présentation, on ne peut pas savoir :
   ☐ le nom ☐ le métier ☐ le lieu de travail

<2>

▶▶MP3 ㉙

1. Anne est née en :
   - ☐ 1971
   - ☐ 1981
   - ☐ 1991

2. Expliquez les caractéristiques physiques d'Anne :

   ____

3. Elle n'aime pas :
   - ☐ le sport.
   - ☐ le théâtre.
   - ☐ le cinéma.

4. Elle a un caractère gai.

   ☐ oui ☐ non ☐ on ne sait pas

5. Le métier de son père est :
   - ☐ professeur.
   - ☐ fonctionnaire.
   - ☐ médecin.

6. VRAI FAUX?

	Vrai	Faux	On ne sait pas
La mère d'Anne est très occupée parce qu'elle travaille dans un grand hôpital.			
Son père est plus âgé que sa mère.			
Anne déteste sa famille.			

<3>

▶▶MP3 30

1. Où se trouve la maison de Sabrina?
   - ☐ au bord de la montagne.
   - ☐ au bord de la mer.
   - ☐ au bord du lac.

2. Qui s'occupe du jardin?
   - ☐ le père
   - ☐ la mère
   - ☐ la soeur

3. Il n'y a pas de ________ au rez-de-chaussée :
   - ☐ cuisine
   - ☐ salle à manger
   - ☐ salle de bain

4. Il n'y a pas ________ dans la chambre de Sabrina.
   - ☐ de lit
   - ☐ de télévision
   - ☐ d'ordinateur

5. Pourquoi fait-elle ses devoirs dans la salle à manger?

   ____

   ____

6. Qu'est-ce qu'elle fait pour aider à la maison?

   ____

   ____

   ____

<4>

▸▸ MP3 31

1. B ne fait pas ________________ le week-end.
   - ☐ de tennis
   - ☐ de football
   - ☐ de basketball

2. Qu'est-ce que B n'a pas fait le week-end dernier?
   - ☐ faire du shopping.
   - ☐ voir un film.
   - ☐ dîner à la maison.

3. Qu'est-ce que B va faire le weekend prochain?

   ____

   ____

4. Qu'est-ce qu'on peut faire à la maison des jeunes?

   ____

   ____

   ____

5. B pense qu'il n'y a pas beaucoup d'activités pour les jeunes.

   ☐ oui ☐ non ☐ on ne sait pas

<5>

▸▸MP3 32

1. Quel est le métier de Victor?
   - ☐ boulanger
   - ☐ étudiant
   - ☐ employé

2. Victor se lève à :
   - ☐ 7 h 15.
   - ☐ 6 h 30.
   - ☐ 6 h 45.

3. Qu'est-ce qu'il fait après s'être levé?

   ____

   ____

4. Il prend son petit-déjeuner tout seul.
   ☐ oui ☐ non ☐ on ne sait pas

5. La fille de Victor ne mange pas beaucoup :
   - ☐ parce que sa mère ne cuisine pas bien.
   - ☐ parce qu'elle est toujours en retard à l'école.
   - ☐ parce qu'elle veut maigrir.

6. Qu'est-ce que Victor fait avant de commencer le travail?

   ____

   ____

<6>

▸▸ MP3 33

1. Selon A, les filles doivent porter __________ à l'école :

1)	
2)	
3)	

2. Prenez des exemples des réglements strictes que B évoque :

1)	
2)	
3)	

3. Qu'est-ce que B pense des examens?

☐ Il pense que les examens sont trop importants.
☐ Il pense que les examens sont le plus important.
☐ Il pense que les examens ne sont pas le critère absolu pour juger quelqu'un.

4. C a la même opinion que B à propos de l'école.

☐ oui ☐ non ☐ on ne sait pas

5. Selon C, quels sont les avantages de l'école?

1)	
2)	
3)	

6. C a une opinion _______ sur l'école :

☐ favorable ☐ défavorable ☐ indifférente

<7>

▸▸ MP3 34

1. Qu'est-ce qu'Isabelle a perdu?
   □ son chien
   □ son chat
   □ son oiseau

2. Quelle est sa race?

   ____

3. De quelle couleur est l'animal? ______________________

4. Quel est son caractère?
   a) ____
   b) ____

5. Il porte un collier ____ :
   □ jaune　　□ noir　　□ blanc

6. Quel est le numéro de téléphone?

<8>

▸▸MP3 35

1. Ce message s'adresse :
   - ☐ à tout le monde
   - ☐ aux adolescents
   - ☐ aux personnes âgées

2. Un stage de patin à la glace va être organisé à la campagne :
   ☐ vrai ☐ faux ☐ on ne sait pas

3. Quelles activités sont proposées aux jeunes à la montagne : (3 bonnes réponses)
   - ☐ de l'alpinisme
   - ☐ du ski
   - ☐ du canoë
   - ☐ des excursions
   - ☐ du camping

4. Les inscriptions commencent le 15 juin :
   ☐ vrai ☐ faux ☐ on ne sait pas

5. Pourquoi conseille-t-il de s'inscrire au stage très vite?

<9>

▸▸MP3 36

1. Carole téléphone à Xavier pour :
   - ☐ l'inviter au cinéma.
   - ☐ lui proposer de voir un film à la télé.
   - ☐ lui demander de ses nouvelles.

2. Xavier a déjà vu le film :
   ☐ oui ☐ non ☐ on ne sait pas

3. L'acteur principal s'appelle :
   ☐ Depardieu. ☐ Renaud ☐ Luc Besson

4. Carol n'a pas vu le film parce qu' :
   - ☐ elle était invitée chez des amis.
   - ☐ elle avait un cours d'anglais.
   - ☐ elle était en Afrique.

5. A quelle heure passe le film?

   ____

6.

	VRAI	FAUX	on ne sait pas
On passe un autre film à la télé.			
Carole adore les films s'action.			
Finalement, Xavier a accepté l'invitation de Carole.			

<10>

▸▸ MP3 37

1. Isabelle téléphone à Xavier pour :
   - ☐ l'inviter au cinéma.
   - ☐ lui demander un service.
   - ☐ lui demander de ses nouvelles.

2. Xavier a déjà vu le film : ☐ oui ☐ non ☐ on ne sait pas

3. Pourquoi Isabelle n'a pas vu ce film?
   - ☐ Parce qu'elle était en Chine pour ses affaires.
   - ☐ Parce qu'elle était en Corée pour ses affaires.
   - ☐ Parce qu'elle était au Japon pour ses affaires.

4. L'actrice principale de ce film s'appelle :
   - ☐ Céline Dion
   - ☐ Patricia Kaas
   - ☐ Isabelle Adjani

5. Qu'est-ce que les gens pensent de ce film?
   - ☐ C'est un film formidable.
   - ☐ C'est un film magnifique.
   - ☐ C'est un film ennuyeux.

6. Isabelle ne peut pas voir le film ce soir parce que(qu') :
   - ☐ elle est invitée chez des amis.
   - ☐ elle doit travailler toute la nuit.
   - ☐ sa télé ne marche pas.

7. A quelle heure passe le film? ______________

8. VRAI FAUX?

	Vrai	Faux	On ne sait pas
Xavier est très occupé ce soir.			
Xavier ne veut pas voir le film avec Isabelle.			
Xavier prépare des gâteaux pour Isabelle.			

<11>

▸▸ MP3 38

1. L'anniversaire de maman c'est :
   - ☐ aujourd'hui.
   - ☐ demain.
   - ☐ après-demain.

2. Marianne a déjà acheté un cadeau pour sa mère.
   ☐ vrai ☐ faux ☐ on ne sait pas

3. Qu'est-ce que l'homme a offert à sa femme l'année dernière?
   - ☐ une jolie écharpe.
   - ☐ une jolie robe.
   - ☐ un collier.

4. L'homme n'a aucune idée pour le cadeau de sa femme :
   ☐ oui ☐ non ☐ on ne sait pas

5. Laurent ne travaille pas :
   ☐ oui ☐ non ☐ on ne sait pas

6. D'après ce dialogue, on peut supposer que l'homme boit beaucoup.
   ☐ vrai ☐ faux ☐ on ne sait pas

<12>

▸▸ MP3 39

1. L'anniversaire de mariage C'est :
   - ☐ ce samedi
   - ☐ samedi dernier
   - ☐ samedi prochain

2. Pourquoi Fabien veut acheter un cadeau spécial?

   ____

   ____

3. Muriel préfère :
   - ☐ le collier
   - ☐ la bague
   - ☐ les deux

4. VRAI FAUX?

	Vrai	Faux	On ne sait pas
Fabien pense que le collier est un cadeau spécial.			
Le collier de Muriel plaît à la femme de Fabien.			
Muriel a refusé la demande de Fabien.			

<13>

▸▸MP3 40

1. Le père des enfants va rentrer :
   - ☐ plus tôt que d'habitude.
   - ☐ plus tard que d'habitude.
   - ☐ beaucoup plus tard que d'habitude.

2. A quelle heure va-t-il être à la maison? ______________________________

3. Quelle est la raison de son retard?
   - ☐ Il doit aller au restaurant.
   - ☐ Il doit rester à son travail.
   - ☐ Il doit aller au cinéma.

4. Pour quelle raison les enfants rentrent-ils tard?
   a) parce que Sophie a rendez-vous avec son ami à la bibliothèque.
      ☐ vrai ☐ faux ☐ on ne sait pas
   b) parce qu'Arnaud reste chez Frédéric pour fêter son anniversaire.
      ☐ vrai ☐ faux ☐ on ne sait pas

5. Que dit l'homme à sa femme avant de raccrocher? (2 réponses)
   Il lui dit…
   - ☐ que sa carte est sur la commode.
   - ☐ d'aller dîner au restaurant avec ses enfants.
   - ☐ d'aller voir un film avec son amie.
   - ☐ de l'attendre à la maison.

<14>

▸▸MP3 41

1. Thierry est __________ du père de Daniel :
   - ☐ l'oncle
   - ☐ le frère
   - ☐ le grand-père

2. Thierry travaille dans une :
   - ☐ agence immobilière.
   - ☐ agence publicitaire.
   - ☐ agence de voyage.

3. Il va ouvrir :
   - ☐ un café.
   - ☐ une crêperie.
   - ☐ un restaurant.

4. Il parle bien coréen : ☐ oui ☐ non ☐ on ne sait pas

5. Qu'est-ce que Daniel demande à Patrick?

   ____

6. Il s'agit :
   - ☐ d'un message vocal.
   - ☐ d'un e-mail.
   - ☐ d'une lettre.

<15>

▸▸MP3 42

1. Madame Duval va chez le docteur :
   - ☐ parce qu'elle est malade.
   - ☐ pour lui présenter son amie.
   - ☐ pour son mari.

2. Madame Duval a mal à la tête depuis :
   - ☐ ce matin
   - ☐ hier soir
   - ☐ une semaine

3. Combien de fièvre a Madame Duval?

   ____

4. La pharmacie est :
   - ☐ près de la gare.
   - ☐ derrière la gare.
   - ☐ en face de la gare.

5. Le mari de Mme Duval :
   - ☐ est malade lui aussi.
   - ☐ a été malade.
   - ☐ n'est jamais malade.

<16>

▸▸ MP3 43

1. La scène se passe : (1 réponse)
   - ☐ dans une bijouterie.
   - ☐ dans un hôtel.
   - ☐ dans un magasin de chaussures.
   - ☐ dans un magasin de vêtements.

2. La cliente :
   - ☐ n'est pas contente des services de la vendeuse.
   - ☐ veut acheter un pantalon.
   - ☐ veut échanger un pantalon.

3. Quelle est maintenant la couleur préférée de sa fille?

   ____

4. La vendeuse demande à sa cliente de revenir :
   - ☐ demain à 19 heures.
   - ☐ après-demain à 19 heures.
   - ☐ demain à 17 heures.

<17>

▸▸ MP3 44

1. La scène se passe :
   - ☐ dans une agence de voyages
   - ☐ à la poste
   - ☐ dans une libraire

2. Où l'homme veut-il envoyer le colis? __________

3. Le tarif avion est de :
   - ☐ 5 euros
   - ☐ 50 euros
   - ☐ 55 euros

4. Combien d'argent peut-il économiser s'il envoie le colis en tarif normal au lieu d'envoyer par avion?
   - ☐ 13 euros
   - ☐ 20 euros
   - ☐ 30 euros

5. Est-ce qu'il a envoyé le colis?
   ☐ oui ☐ non ☐ on ne sait pas

6. Le paquet va arriver dans environ :
   - ☐ 5 jours
   - ☐ 7 jours
   - ☐ 16 jours

7. Qu'est-ce qu'il y a dans le colis? ______________________

<18>

MP3 45

1. La conversation a eu lieu :
   ☐ au café. ☐ à l'hôtel. ☐ au restaurant.

2. Le client veut commander :
   ☐ un repas. ☐ un café. ☐ une bouteille de vin.

3. Le client ne prend pas le plat du jour :
   ☐ parce qu'il n'y en a plus.
   ☐ parce qu'il préfère un plat à la carte.
   ☐ parce qu'il n'aime pas le poisson.

	Vrai	Faux	On ne sait pas
Le client choisit des brochettes de poulet.			
Les brochettes sont servies avec des pâtes.			
Il commande aussi une tarte aux prunes.			

4. Pour les brochettes, combien de temps faut-il attendre?

5. Pourquoi doit-il partir dans moins d'une heure?

TRANSCRIPTIONS 녹음 텍스트

▸▸MP3 ㉘

1.
Je m'appelle Alex Duval. Je suis français et j'ai trente ans. Je suis né à Paris, mais je travaille à Lyon. Je n'aime pas le cinéma et la télévision non plus. j'aime beaucoup faire du sport, surtout le football.

내 이름은 알렉스 뒤발입니다. 나는 프랑스인이고 30세입니다. 나는 파리에서 태어났지만 리용에서 일합니다. 나는 영화를 좋아하지 않고 텔레비전도 좋아하지 않습니다. 나는 운동하는 것을 좋아하는데 특히 축구를 좋아합니다.

1. Comment s'appelle-t-il? Il s'appelle Alex Duval.
   [그의 이름은 무엇인가?]

2. Quelle est sa nationalité? Il est français.
   [그의 국적은 어디인가?]

3. Quel âge a-t-il? Il a 30 ans.
   [나이는 몇 살인가?]

4. Il est né à Lyon, mais il travaille à Paris :
   [그는 리용에서 태어났지만 파리에서 일한다:
   ☐ vrai ☒ faux ☐ on ne sait pas

5. Il adore le cinéma [그는 영화를 아주 좋아한다]:
   ☐ vrai ☒ faux ☐ on ne sait pas

6. Quel sport aime-t-il? [그는 어떤 스포츠를 좋아하는가?]
   ☒ le football ☐ le tennis ☐ le basketball

7. D'après cette présentation, on ne peut pas savoir :
   [이 소개에 따르면 우린 ___을 알 수 없다:
   ☐ le nom ☒ le métier ☐ le lieu de travail

▸▸MP3 ㉙

2.
Bonjour. Je m'appelle Anne et je suis née le huit septembre dix-neuf cent quatre-vingt-onze. Physiquement, je suis très grande, j'ai les cheveux bruns et les yeux verts. Je ne porte pas de lunettes. Comme caractère, je suis patiente, très calme! j'aime le théâtre et le sport, mais je n'aime pas le cinéma. Il y a cinq personnes dans ma famille: mon père, ma mère, mon frère, ma soeur et moi. Mon père est fonctionnaire tandis que ma mère s'occupe de la maison. Ma sœur s'appelle Claire et elle travaille dans un grand hôpital. Elle est plus âgée que moi, et on s'entend bien. Mon frère, Paul, a 35 ans et il est professeur de français. Je le trouve sympa. J'aime beaucoup ma famille! Je pense que la famille est très importante.

안녕, 내 이름은 안느이고 나는 1991년 9월 8일에 태어났어. 외모적으로 나는 매우 키가 크고 갈색의 머릿결을 하고 있으며 녹색의 눈을 가지고 있어. 나는 안경을 쓰지 않아. 성격으로 말하자면 나는 인내심이 강하고 매우 조용한 성격이야! 나는 연극과 스포츠를 좋아하지만 영화는 좋아하지 않아. 내 가족은 5명이야 : 아빠, 엄마, 내 오빠와 언니 그리고 나. 아빠는 공무원이고 엄마는 가정을 돌보셔. 내 자매 이름은 클레르이고 큰 병원에서 일해. 그녀는 나보다 나이가 많고 우린 잘 어울려. 내 오빠 뽈은 35살이고 프랑스어 선생님이야. 내 생각에 그는 상냥하다고 생각해. 나는 내 가족을 많이 좋아해! 나는 가족이 매우 중요하다고 생각해.

1. Anne est née en [안느는 _____에 태어났다]:
   ☐ 1971 ☐ 1981 ☒ 1991

2. Expliquez les caractéristiques physiques d'Anne :
   [안느의 외형적 특성을 설명하시오]
   Elle est très grande, elle a les cheveux bruns et les yeux verts. Elle ne porte pas de lunettes

3. Elle n'aime pas [그녀는 ____을 좋아하지 않는다] :
   ☐ le sport. ☐ le théâtre. ☒ le cinéma.

4. Elle a un caractère gai. [그녀는 유쾌한 성격이다]
   ☐ oui ☒ non ☐ on ne sait pas

5. Le métier de son père est [그녀의 아버지의 직업은]:
   ☐ professeur. ☒ fonctionnaire. ☐ médecin.

6. VRAI FAUX?

	Vrai	Faux	On ne sait pas
La mère d'Anne est très occupée parce qu'elle travaille dans un grand hôpital. [안느의 어머니는 매우 바쁜데 왜냐하면 큰 병원에서 일하시기 때문이다]		X	
Son père est plus âgé que sa mère. [그녀의 아버지는 어머니보다 나이가 많다]			X
Anne déteste sa famille. [안느는 가족을 아주 싫어한다]		X	

▸▸MP3 30

3.

Je m'appelle Sabrina et ma famille a une maison au bord de la mer qui se trouve dans le sud de la France. C'est une grande maison: nous avons un grand jardin devant la maison. C'est mon père qui travaille dans le jardin. Il y a sept pièces, quatre au rez-de-chaussée et trois au premier étage. Il y a la cuisine, le salon, la salle à manger, les toilettes au rez-de-chaussée, et il y a la salle de bains et trois chambres au premier étage. j'ai ma propre chambre. Dans la chambre il y a un lit, une table et un ordinateur. Il n'y a pas de télévision. Je fais mes devoirs dans la salle à manger parce que c'est plus tranquille. Mais ma sœur m'embête souvent. J'aide beaucoup à la maison. Je fais toujours mon lit, je range souvent ma chambre et je fais parfois la vaisselle.

내 이름은 사브리나이고 내 가족은 프랑스 남쪽 바다 연안에 집을 가지고 있어. 매우 큰 집이야 : 집 앞에 넓은 정원이 있어. 정원 일은 아빠가 하셔. 방이 7개가 있는데 1층에 4개 그리고 2층에 목욕탕과 방이 3개가 있어. 방에는 침대하고 책상이랑 컴퓨터가 있지. 텔레비전은 없어. 나는 주방에서 공부를 하는데 왜냐하면 더 조용하기 때문이야. 그렇지만 내 여동생이 자주 나를 귀찮게 해. 나는 가사일 돕는 것을 좋아해. 항상 내 침대를 정리하고 내 방을 정리하며 때때로 설거지도 해.

1. Où se trouve la maison de Sabrina? [사브리나의 집은 어디에 있는가?]
   - ☐ au bord de la montagne. [산 근처에]
   - ☒ au bord de la mer. [바닷가 근처에]
   - ☐ au bord du lac. [호수가 근처에]

2. Qui s'occupe du jardin? [정원을 돌보는 사람은 누구인가?]
   ☒ le père ☐ la mère ☐ la sœur

3. Il n'y a pas de ________ au rez-de-chaussée [일층에는 ____가 없다]:
   ☐ cuisine ☐ salle à manger ☒ salle de bain

4. Il n'y a pas ________ dans la chambre de Sabrina.
[사브리나 방에는 ______가 없다]
☐ de lit ☒ de télévision ☐ d'ordinateur

5. Pourquoi fait-elle ses devoirs dans la salle à manger?
[왜 그녀는 부엌에서 공부를 하는가?]
Parce que c'est plus tranquille.

6. Qu'est-ce qu'elle fait pour aider à la maison?
[그녀는 가사일을 돕기 위해 무엇을 하는가?]
Elle fait toujours mon lit, Elle range souvent sa chambre et elle fais parfois la vaisselle.

MP3 31

4.
<Que faites-vous avec vos amis?>
- Parlez-moi de votre vie quotidienne. Vous ne vous ennuyez pas trop?
- Mais non. Je m'amuse bien avec mes amis. Le weekend en général on joue au football ou au tennis au parc et le soir on sort ensemble. C'est amusant.
- Qu'est-ce que vous avez fait le weekend dernier?
- Le weekend dernier, on est allé au grand magasin pour faire du shopping et puis on est allé au cinéma après avoir dîné au restaurant chic. C'était chouette.
- C'est bientôt les vacances d'été. Est-ce que vous avez des projets?
- Bien sûr. Le weekend prochain on va aller à Nice : on va aller à la plage et puis le soir on va aller en boîte de nuit. Ce sera cool!
- Qu'est-ce que vous pensez des distractions pour les jeunes dans votre région? Comment pourrait-on améliorer votre ville?
- A mon avis, il y a beaucoup d'activités pour les jeunes. On peut aller à la maison des jeunes. Il y a un cinéma où on peut regarder des films, ou assister aux concerts. d'ailleurs, le système de transport est très bien. Je ne peux pas dire que tout est parfait pour les jeunes mais il ne faut pas toujours se plaindre parce que rien n'est parfait.

<당신의 친구들과 무엇을 합니까?>
- 당신의 일상생활에 대해 말해주세요. 너무 지루하지는 않습니까?
- 천만에요. 나는 내 친구들과 아주 재미있게 지냅니다. 보통 주말에는 공원에서 축구나 테니스를 치고 저녁에는 함께 외출합니다. 매우 재미있어요.
- 지난 주에는 무엇을 했습니까?

- 지난 주에 우린 쇼핑을 하기 위해 백화점에 갔고 좋은 식당에서 저녁을 먹은 후에 영화를 보러 갔습니다. 아주 좋았어요.
- 곧 여름방학인데요. 계획이 있습니까?
- 물론이죠. 다음 주에 우린 니스에 갈 거예요 : 우린 해변가에 갈 것이고 후에 저녁에는 나이트 클럽에 갈 거예요. 재미있을 거예요!
- 당신이 사는 지역에 젊은이들에게 있어서 기분전환에 대해 어떻게 생각하세요? 어떻게 하면 당신의 도시를 개선시킬 수 있을까요?
- 내 생각에는 젊은이들을 위한 많은 활동들이 있어요. 우린 젊은이들을 위한 장소에 갈 수 있어요. 우리가 영화를 볼 수 있는 극장이 있고 콘서트에 참석할 수도 있죠. 게다가 교통체제가 매우 잘 되어 있어요. 젊은이들을 위해 모든 것이 완벽하다고 말할 수는 없지만 항상 불평만 해서는 안 되는 것이 그 어떠한 것도 완벽하지는 않으니까요.

1. B ne fait pas ____________________ le week-end.
   [B는 주말에 ______을 하지 않는다]
   ☐ de tennis ☐ de football ☒ de basketball

2. Qu'est-ce que B n'a pas fait le week-end dernier?
   [B는 지난 주에 무엇을 했는가?]
   ☒ faire du shopping.
   ☐ voir un film.
   ☐ dîner à la maison.

3. Qu'est-ce que B va faire le weekend prochain?
   [B는 다음 주말에 무엇을 하려 하는가?]
   Il va aller à Nice et il va aller à la plage et puis le soir il va aller en boîte de nuit.

4. Qu'est-ce qu'on peut faire à la maison des jeunes?
   [청소년 회관에서는 무엇을 할 수 있는가?]
   Les jeunes peuvent regarder des films parce qu'il y a un cinéma. Ou bien ils peuvent assister aux concerts.

5. B pense qu'il n'y a pas beaucoup d'activités pour les jeunes.
   [B는 젊은이들을 위한 많은 활동들이 있다고 생각한다]
   ☒ oui ☐ non ☐ on ne sait pas

▸▸MP3 32

5.

- Victor, quelle est ta routine le matin avant d'aller au travail?
- Je me réveille à six heures et demie. Ensuite, je me lève à sept heures moins le quart et je vais dans la salle de bains où je me lave. Puis je retourne dans la chambre où je m'habille et je me peigne. Je descends dans la cuisine où je prends le petit déjeuner avec ma famille. C'est ma femme qui prépare le repas et elle cuisine très bien. Mais ma fille ne mange pas beaucoup parce qu'elle s'est mise au régime. Elle boit du thé et elle mange des céréales et du pain grillé. Après avoir pris mon petit déjeuner, je me brosse les dents. Ensuite, je pars pour mon travail à huit heures. Et j'arrive au bureau à huit heures et demie. Je prends un café avec mes collégues avant de commencer le travail.

- 빅토르, 직장에 가기 전 매일 아침 너의 일과는 어떻게 되니?
- 6시 반에 잠에서 깨. 그리고 나서 7시 15분전에 일어나서 욕실에 가서 씻지. 그리고 나서 방으로 돌아와 옷을 입고 머리를 빗어. 부엌으로 가서 가족과 함께 아침을 먹지. 식사를 준비하는 사람은 내 아내인데 음식을 아주 잘해. 그렇지만 내 딸은 많이 먹지 않는데 다이어트 중이기 때문이야. 딸은 차를 마시고 세레알과 구운 빵을 먹어. 아침 식사를 한 후에 이를 닦지. 그리고 나서 8시에 직장으로 가기 위해 집을 나서. 아이들의 학교가 직장에서 그리 멀지 않기 때문에 자동차로 애들을 학교까지 데려다 주지. 그리고 8시 30분에 사무실에 도착해. 나는 일을 시작하기 전에 동료들과 함께 커피를 마시지.

1. Quel est le métier de Victor? [빅토르의 직업은 무엇인가?]
   ☐ boulanger ☐ étudiant ☒ employé

2. Victor se lève à [빅토르는 _____에 일어난다]:
   ☐ 7 h 15. ☐ 6 h 30. ☒ 6 h 45.

3. Qu'est-ce qu'il fait après s'être levé?
   [그는 일어나고 난 후 무엇을 하는가?]
   Il va dans la salle de bains pour se laver.

4. Il prend son petit-déjeuner tout seul. [그는 혼자 아침식사를 한다]
   ☐ oui ☒ non ☐ on ne sait pas

5. La fille de Victor ne mange pas beaucoup : [빅토르의 딸은 많이 먹지 않는다]
   ☐ parce que sa mère ne cuisine pas bien. [왜냐하면 엄마가 요리를 잘 못하기 때문이다]
   ☐ parce qu'elle est toujours en retard à l'écol. [왜냐하면 학교에 항상 지각하기 때문이다]
   ☒ parce qu'elle veut maigrir. [살을 빼고 싶어하기 때문이다]

6. Qu'est-ce que Victor fait avant de commencer le travail?
   [빅토르는 일을 하기 전에 무엇을 하는가?]
   Il prends un café avec ses collégues avant de commencer le travail.

▸▸MP3 33

6.

<Qu'est-ce que vous pensez de l'école?>

A. Tout d'abord, il y a trop de règlements assez stricts. Par exemple, il faut porter un uniforme à l'école : pour les filles c'est une jupe bleue, une chemise blanche et une cravate. Je n'aime pas l'uniforme! D'ailleurs, il est interdit d'avoir les cheveux longs dans une certaine école. Nous ne sommes pas des soldats!

B. Moi, je pense que le règlement est nécessaire, mais quelque fois c'est un peu strict. Il est interdit de fumer, d'avoir un walkman ou un téléphone portable, et il faut respecter les professeurs et les autres étudiants. Il y a trop d'examens. Je ne peux pas admettre que l'on juge quelqu'un uniquement sur la note. Il y a beaucoup de choses plus importantes que les notes dans la vie.

C. Vous avez raison. Il y a pas mal de choses qui ne me plaisent pas du tout à l'école. Surtout, je suis tout à fait d'accord avec B sur le problème des notes. Pourtant, on ne peut pas ignorer la réalité. Il existe aussi des bons côtés. On a beaucoup de choix, les profs sont bien, et on s'amuse bien. J'aime l'école parce que c'est agréable. j'ai beaucoup d'amis et je pense que les copains de l'école sont très importants dans la vie.

- 학교에 대해 어떻게 생각하십니까?

A : 무엇보다도 너무 엄격한 규칙들이 많아요. 예를 들어서 학교에서는 교복을 입어야 해요: 여자애들은 푸른 색 치마에 흰색 셔츠와 넥타이를 매야해요. 나는 교복을 좋아하지 않아요! 게다가 어떤 학교에서는 머리를 기르는 것이 금지되어 있어요. 우린 군인이 아니라니까요!

B : 나는 규칙이 필요하다고 생각하지만 때때로 약간 엄격한 것 같아요. 흡연 금지, 워크맨이나 휴대폰 휴대 금지, 그리고 선생님과 다른 학생들을 존중해야 하죠. 그게 다가 아니에요! 시험이 너무 많아요. 누군가를 단지 점수에 의해서만 판단한다는 것을 인정할 수 없어요. 인생에서는 점수보다 더 중요한 것들이 많으니까요.

C : 너희들이 옳아. 학교에서 내 마음에 전혀 들지 않는 많은 것들이 있어. 특히 나는 점수에 대한 문제에 대해서는 B와 의견이 같아. 그러나 현실을 무시할 수는 없어. 또한 좋은 면도 있어. 우리는 많은 선택이 있고 선생님들도 좋고 재미있게 지내잖아. 나는 학교가 좋은데 왜냐하면 편안하기 때문이야. 나는 많은 친구들이 있고 학교 친구들은 인생에서 매우 중요하다고 생각해.

1. Selon A, les filles doivent porter __________ à l'école :

[A에 따르면, 소녀들은 학교에 ______을 입는다]:

1)	une jupe bleue
2)	une chemise blanche
3)	une cravate

2. Prenez des exemples des réglements strictes que B évoque :
[B가 언급한 엄격한 규칙의 예들을 들으시오]

1)	Il est interdit de fumer
2)	Il est interdit d'avoir un walkman
3)	Il est interdit d'avoir un téléphone portable

3. Qu'est-ce que B pense des examens? [B는 시험에 대해 어떻게 생각하는가?]
☐ Il pense que les examens sont trop importants.
[그는 시험이 매우 중요하다고 생각한다]
☐ Il pense que les examens sont le plus important.
[시험이 가장 중요하다고 생각한다]
☒ Il pense que les examens ne sont pas le critère absolu pour juger quelqu'un. [시험이 누군가를 판단하는데 절대적 기준이 아니라고 생각한다]

4. C a la même opinion que B à propos de l'école.
[C는 학교에 관해서는 B와 같은 의견이다]
☐ oui ☒ non ☐ on ne sait pas

5. Selon C, quels sont les avantages de l'école?
[C에 따르면 학교의 장점은 무엇인가?]

1)	Il y a beaucoup de choix.
2)	Les profs sont bien.
3)	On s'amuse bien.

6. C a une opinion ________ sur l'école [C는 학교에 대해서 __한 의견을 가지고 있다]:
☒ favorable ☐ défavorable ☐ indifférente

▸▸MP3 34

7.
La jeune Isabelle a perdu son chat, jeudi matin dans le parc de la ville. C'est un persan blanc de petite taille. Ses oreilles sont courtes et il est très gentil et joueur. Il porte un collier jaune. Si vous l'avez vu, téléphonez au 00 18 03 93 26.

어린 이자벨이 목요일 아침 마을 공원에서 고양이를 잃어버렸습니다. 작은 크기의 흰 색의 페르시안 고양이입니다. 귀는 짧고 매우 착하고 장난치는 것을 좋아합니다. 고양이는 노란 색 목걸이를 착용하고 있습니다. 만일 고양이를 보셨다면 00 18 03 93 26으로 전화 주세요.

1. Qu'est-ce qu'Isabelle a perdu? [이자벨이 잃어버린 것은 무엇인가?]
   ☐ son chien ☒ son chat ☐ son oiseau

2. Quelle est sa race? [고양이의 종은 무엇인가?] C'est un persan.

3. De quelle couleur est l'animal? [동물의 색깔은 무엇인가?] Le blanc.

4. Quel est son caractère? [특징은 무엇인가?]
   a) Ses oreilles sont courtes
   b) Il est très gentil et joueur.

5. Il porte un collier ____ [그는 목걸이를 하고 있다]:
   ☒ jaune ☐ noir ☐ blanc

6. Quel est le numéro de téléphone? [전화번호는 무엇인가?]
   Le 00 18 03 93 26.

▸▸MP3 ㉟

8.
La maison des Jeunes propose des stages de sport pour les vacances d'hiver. D'abord, un stage de patin va être organisé du 1er au 20 janvier pour les jeunes de 10 à 15 ans dans notre ville. Ensuite, au mois de février, les jeunes de la nature vont pouvoir profiter d'un séjour d'hiver à la montagne. Ils vont avoir la possibilité de faire des excursions, du ski et du camping. Si vous êtes intéressé, inscrivez-vous très vite, avant le 15 décembre car les places sont limitées.

청소년의 집에서 겨울 방학을 위한 스포츠 교육을 제안합니다. 우선 스케이트 학습이 우리 마을의 10세에서 15세 청소년들을 위해 1월 1일부터 20일까지 열릴 것입니다. 그리고 나서 2월달에 자연을 좋아하는 청소년들은 산에서 겨울 생활을 즐기게 될 것입니다. 청소년들은 학습 여행, 스키나 캠핑을 할 수 있습니다. 관심이 있다면, 12월 15일 이전에 매우 빨리 등록하세요, 자리가 제한되니까요.

1. Ce message s'adresse : [이 메시지는 ____에게 전하는 것이다]
   ☐ à tout le monde [모든 사람에게]
   ☒ aux adolescents [청소년들에게]
   ☐ aux personnes âgées [나이든 사람들에게]

2. Un stage de patin à la glace va être organisé à la campagne :
   [스케이트 강습은 교외에서 실시될 예정이다]
   ☐ vrai ☒ faux ☐ on ne sait pas

3. Quelles activités sont proposées aux jeunes à la montagne : (3 bonnes réponses) [산에서 청소년들에게 제안되는 활동은 무엇인가?]
   - ☐ de l'alpinisme
   - ☒ du ski
   - ☐ du canoë
   - ☒ des excursions
   - ☒ du camping

4. Les inscriptions commencent le 15 juin : [가입은 6월 15일에 시작한다]
   ☐ vrai ☒ faux ☐ on ne sait pas

5. Pourquoi conseille-t-il de s'inscrire au stage très vite?
   [왜 빨리 가입하기를 권하는가?]
   Parce que les places sont limitées.

▸▸MP3 36

9.
- Allô? Salut Xavier. Ça va?
- Pas mal et toi, Carole?
- Comme ci comme ça. Tu sais, on passe Visiteur avec Jean Renaud à la télé à 9 heures.
- Encore?
- Comment ça encore? Tu l'as déjà vu?
- Bien sûr, même trois fois. Et toi? Tu ne l'as pas encore vu au cinéma?
- Ben. non, malheureusement je l'ai raté. Je voulais le voir mais j'étais en Afrique à cause de mon travail. Qu'est-ce que tu penses de ce film?
- Je le trouve très amusant. Mais tu sais? On passe un autre film à la télé.
- Qu'est-ce que c'est?
- Superman.
- Ce n'est pas un film américain?
- Si.
- Je n'aime pas le film américain. D'ailleurs, je déteste le film d'action.
- Ah bon? Après tout, chacun ses goûts. Mais, pourquoi tu m'as téléphoné?
- Parce que je voulais t'inviter chez moi pour regarder le film ensemble en mangeant une pizza. Mais comme tu l'as déjà vu plusieurs fois, alors. . .
- Quoi? Une pizza? Mais j'adore ça. Bon, on se voit à quelle heure?
- Tu peux venir chez moi à 18 heures.

- 여보세요? 안녕 자비에. 잘 지내?
- 나쁘지 않아, 카롤 너는?
- 그저 그래. 너 그거 아니, 9시에 텔레비전에서 장 르노가 나오는 방문자 영화를 방영해.
- 또?

- 또 라는 게 무슨 말이야? 너 벌써 그 영화 봤니?
- 물론이지, 심지어 3번이나. 그러는 너는? 너 아직 극장에서 그 영화 안 봤니?
- 아니, 불행히도 나는 그 영화를 놓쳤어. 보고 싶었지만 내 일 때문에 아프리카에 있었거든. 그 영화에 대해 어떻게 생각해?
- 매우 재미있다고 생각해. 그렇지만 그거 알아? 텔레비전에서 또 다른 영화를 보여줘.
- 그게 뭔데?
- 슈퍼맨.
- 그거 미국 영화 아냐?
- 맞아.
- 나는 미국 영화를 싫어해. 게다가 액션 영화를 아주 싫어해.
- 아 그래? 아무리 그래도 각자 취미가 있는 거니까. 근데 왜 너 나한테 전화했니?
- 피자를 먹으면서 함께 영화를 보러 내 집에 너를 초대하려고 했거든.
  그렇지만 네가 그 영화를 여러 번 보았다고 하니까.
- 뭐? 피자라구? 나 피자 정말 좋아하는데. 좋아, 몇 시에 볼까?
- 18시까지 내 집으로 오면 돼.

1. Carole téléphone à Xavier pour : [카롤은 ____ 때문에 자비에에게 전화한다]
   ☐ l'inviter au cinéma. [그를 극장에 초대하기 위해]
   ☒ lui proposer de voir un film à la télé. [텔레비전에서 하는 영화를 보자고 제안하기 위해]
   ☐ lui demander de ses nouvelles. [소식을 그에게 묻기 위해]

2. Xavier a déjà vu le film : [자비에는 영화를 이미 봤다]
   ☒ oui ☐ non ☐ on ne sait pas

3. L'acteur principal s'appelle [주연 배우의 이름은 ____다] :
   ☐ Depardieu. ☒ Renaud ☐ Luc Besson

4. Carol n'a pas vu le film parce qu' : [카롤은 이 영화를 ______ 때문에 못봤다]
   ☐ elle était invitée chez des amis. [친구들 집에 초대되었기 때문에]
   ☐ elle avait un cours d'anglais. [영어 수업이 있어서]
   ☒ elle était en Afrique. [아프리카에 있어서]

5. A quelle heure passe le film? [영화는 몇 시에 하는가?] À 9 heures.

6.

	VRAI	FAUX	?
On passe un autre film à la télé. [텔레비전에서 다른 영화를 방영한다]	X		
Carole adore les films s'action. [카롤은 액션 영화를 아주 좋아한다]		X	
Finalement, Xavier a accepté l'invitation de Carole. [결국, 자비에는 카롤의 초대를 승낙한다]	X		

▸▸MP3 37

10.

- Allô? Salut Xavier, comment ça va?
- Ça va et toi, Isabelle?
- Pas mal. Tu sais, on passe un super film avec Isabelle Adjani à la télé à 9 heures.
- Quel film?
- Je ne me rappelle pas le titre. Il s'agit de la vie d'une artiste géniale. Gérard Depardieu a aussi joué un rôle très important dans ce film.
- Ce n'est pas le film <Camille Claudel>?
- Oui, c'est ça.
- Tu ne l'as pas vu au cinéma?
- Ben, non, malheureusement je l'ai raté. Je voulais le voir mais j'étais en Corée à cause de mes affaires. Et toi?
- Moi, je l'ai vu. Tout le monde pense que c'est un excellent film et c'est une bonne occasion pour toi de le voir.
- Pas vraiment parce que ma télé est en panne.
- Tu n'as pas de chance.
- Qu'est-ce que tu fais ce soir?
- Rien de spécial. Pourquoi?
- Ça tombe bien. Ça ne t'ennuie pas si je passe chez toi tout à l'heure? On pourrait voir ce film tous les deux.
- Pourquoi pas?
- Merci. Je vais apporter des gâteaux.
- D'accord!
- Merci, tu es un ange!

- 여보세요? 안녕 자비에, 어떻게 지내?
- 잘 지내, 이자벨 너는?
- 나쁘지 않아. 그거 아니, 9시에 텔레비전에서 이자벨 아자니가 나오는 좋은 영화를 해.
- 어떤 영화인데?
- 제목이 생각이 나지 않아. 천재 여자 예술가의 인생에 대한 것인데. 제라르 데빠르듀도 이 영화에서 매우 중요한 역할을 하지.
- <꺄밀 끌로델>이란 영화 아냐?
- 응, 바로 그 거야.
- 너 그 영화 극장에서 보지 않았니?
- 아니, 불행히도 못 봤어. 그것을 보고 싶었지만 내 사업 때문에 한국에 있었어. 너는?
- 나는 그 영화를 봤지. 모든 사람들이 아주 훌륭한 영화라고 생각하고 너한테는 그 영화를 볼 수 있는 좋은 기회야.
- 꼭 그렇지도 않은 것이 텔레비전이 고장 났거든.
- 운이 없구나.
- 너 오늘 저녁에 뭐하니?

- 특별한 일은 없어. 왜?
- 잘 됐다. 내가 이따가 너희 집에 가면 안되겠니? 둘이 영화를 볼 수 있을 것 같은데.
- 안 될 것 없지.
- 고마워. 내가 케익 가져갈게.
- 알았어.
- 고마워, 넌 천사다!

1. Isabelle téléphone à Xavier pour : [이자벨은 ___ 때문에 자비에에게 전화한다]
   ☐ l'inviter au cinéma. [극장에 그를 초대하기 위해]
   ☒ lui demander un service. [부탁을 하기 위해]
   ☐ lui demander de ses nouvelles. [소식을 묻기 위해]

2. Xavier a déjà vu le film : ☒ oui ☐ non ☐ on ne sait pas
   [자비에는 이미 이 영화를 봤다]

3. Pourquoi Isabelle n'a pas vu ce film? [왜 이자벨은 이 영화를 보지 못했는가?]
   ☐ Parce qu'elle était en Chine pour ses affaires.
   ☒ Parce qu'elle était en Corée pour ses affaires.
   ☐ Parce qu'elle était au Japon pour ses affaires.

3. L'actrice principale de ce film s'appelle : [주연 여배우의 이름은 ____]
   ☐ Céline Dion
   ☐ Patricia Kaas
   ☒ Isabelle Adjani

4. Qu'est-ce que les gens pensent de ce film?
   [사람들은 이 영화에 대해 어떻게 생각하는가?]
   ☒ c'est un film formidable.
   ☒ c'est un film magnifique.
   ☐ c'est un film ennuyeux. [지루한 영화다]

5. Isabelle ne peut pas voir le film ce soir parce que :
   [이자벨은 오늘 저녁에 이 영화를 볼 수 없는데 왜냐하면]
   ☐ elle est invitée chez des amis. [친구들 집에 초대되어서]
   ☐ elle doit travailler toute la nuit. [밤새 공부를 해야 하기 때문에]
   ☒ sa télé ne marche pas. [텔레비젼이 고장나서]

6. A quelle heure passe le film? À 9 heures. [몇 시에 영화가 상영되는가?]

7. VRAI FAUX?

	Vrai	Faux	On ne sait pas
Xavier est très occupé ce soir. [자비에는 오늘 저녁 매우 바쁘다]		X	
Xavier ne veut pas voir le film avec Isabelle. [자비에는 이자벨과 영화를 보고 싶어하지 않는다]		X	
Xavier prépare des gâteaux pour Isabelle. [자비에는 이자벨을 위해 케익을 준비한다]		X	

▸▸MP3 38

11.

A : Les enfants! Vous savez tous que demain, c'est l'anniversaire de ta maman.

B : Comment peut-on l'oublier? Elle a marqué la date dans le calendrier avec un crayon rouge.

A : Laurent! Tu as trouvé un cadeau pour elle?

C : Non, pas encore. Et toi, papa?

A : Moi non plus. Je lui ai offert un collier l'année dernière. Et je dois acheter quelque chose de plus précieux. Et toi, Marianne?

B : Moi, j'ai trouvé une jolie écharpe au grand magasin. D'ailleurs, elle est en solde en ce moment et je vais l'acheter ce soir.

C : Dans ce cas-là, je vais lui offrir une jolie robe.

B : Tu as de l'argent?

C : Oui, j'ai reçu mon premier salaire hier.

A : Et moi, qu'est-ce que je dois faire?

B : À mon avis, le meilleur cadeau pour elle ce sera si tu ne bois plus.

A : 애들아! 너희들 모두 내일이 엄마 생일이라는 거 알지.

B : 그것을 어떻게 잊어버려요? 엄마가 달력에다가 빨간 펜으로 날짜를 표시했는데.

A : 로랑! 너 엄마를 위해 선물을 준비했니?

C : 아니오, 아직이요. 아빠는요?

A : 나도 그렇단다. 작년에는 목걸이를 선물했는데. 조금 더 비싼 무언가를 사야겠는데. 마리안느, 너는?

B : 나는 백화점에서 예쁜 스카프를 발견했어요. 게다가 지금 세일중이에요. 오늘 저녁에 그것을 살 거에요.

C : 그러면 나는 예쁜 옷을 선물해야겠다.

B : 너 돈 있어?

C : 응, 어제 첫 월급을 탔거든.

A : 그런 나는 어떻게 해야 하지?

B : 내 생각에, 엄마를 위한 제일 좋은 선물은 아빠가 술을 더 이상 마시지 않는 거에요.

1. L'anniversaire de maman c'est : [엄마의 생일은 ___다]
   ☐ aujourd'hui. [오늘]
   ☒ demain. [내일]
   ☐ après-demain. [모레]

2. Marianne a déjà acheté un cadeau pour sa mère.
   [마리안느는 이미 엄마를 위해서 선물을 샀다]
   ☐ vrai ☒ faux ☐ on ne sait pas

3. Qu'est-ce que l'homme a offert à sa femme l'année dernière?
   [작년에 남자가 아내에게 선물한 것은 무엇인가?]
   ☐ une jolie écharpe.
   ☐ une jolie robe.
   ☒ un collier.

4. L'homme n'a aucune idée pour le cadeau de sa femme :
   [남자는 아내의 선물에 대해 아무런 생각이 떠오르지 않는다]
   ☒ oui ☐ non ☐ on ne sait pas

5. Laurent ne travaille pas : [로랑은 일을 하지 않는다]
   ☐ oui ☒ non ☐ on ne sait pas

6. D'après ce dialogue, on peut supposer que l'homme boit beaucoup.
   [이 대화에 따르면, 우린 남자가 술을 많이 마시는 것을 알 수 있다]
   ☒ vrai ☐ faux ☐ on ne sait pas

▸▸ MP3 39

12.
- Salut, Muriel!
- Salut, Fabien. Où vas-tu?
- Je vais au grand magasin pour acheter le cadeau d'anniversaire de ma femmesamedi prochain.
- Ah bon? Tu es un bon mari, toi! Qu'est-ce que tu vas acheter?
- Je n'ai pas encore décidé. Je voudrais lui offrir un cadeau spécial parce que c'est notre 20ème anniversaire de mariage. Mais, j'hésite entre un collier et une bague. À ton avis?
- Ça dépend des goûts. Personnellement, je préfère un collier à une bague.
- Un collier, ce n'est pas trop banal comme cadeau? Qu'est-ce que tu en penses?
- Mais non. Toutes les femmes adorent les colliers. d'ailleurs, j'ai rencontré ta femme il y a une semaine et elle voulait avoir le même collier que le mien.

- Ça tombe bien, Est-ce que tu peux venir avec moi pour choisir le collier?
- Avec plaisir. Je suis sûre que ta femme sera très contente de ton cadeau.

- 안녕, 뮈리에!
- 안녕, 파비에. 너 어디 가니?
- 다음 주 토요일 내 아내의 생일 선물을 사기 위해 백화점에 가.
- 아 그래? 넌 좋은 남편이구나! 무엇을 살건데?
- 아직 결정하지 않았어. 좀 특별한 선물을 하고 싶은데 왜냐하면 결혼 20주년이거든. 목걸이하고 반지 사이에서 고민이야. 네 생각은 어때?
- 취향에 따라 다르지. 개인적으로는 반지보다는 목걸이를 더 좋아해.
- 목걸이, 그거 선물로는 너무 평범한 거 아냐? 네 생각에는 어때?
- 천만에. 모든 여인들은 목걸이를 좋아해. 게다다 일주일 전에 내가 네 아내를 만났는데 내 것과 같은 목걸이를 갖기를 원하더라구.
- 그거 잘 됐네. 목걸이를 고르기 위해 너 나랑 갈 수 있니?
- 기꺼이. 나는 네 아내가 네 선물에 대해 매우 만족할 것이라고 확신해.

1. L'anniversaire de mariage c'est : [결혼 기념일은 ____다]
   ☐ ce samedi [이번 주 토요일]
   ☐ samedi dernier [지난 주 토요일]
   ☒ samedi prochain [다음 주 토요일]

2. Pourquoi Fabien veut acheter un cadeau spécial?
   [왜 파비엥은 특별한 선물을 사고 싶어하는가?]
   Parce que c'est leur 20ème anniversaire de mariage.

3. Muriel préfère : [뮈리엘은 ____을 더 선호한다]
   ☒ le collier
   ☐ la bague
   ☐ les deux

4. VRAI FAUX?

	Vrai	Faux	On ne sait pas
Fabien pense que le collier est un cadeau spécial. [파비엥은 목걸이가 특별한 선물이라고 생각한다]	X		
Le collier de Muriel plaît à la femme de Fabien. [뮈리엘의 목걸이는 파리벵의 아내의 마음에 든다]	X		
Muriel a refusé la demande de Fabien. [뮈리엘은 파비엥의 부탁을 거절했다]		X	

▸▸ MP3 40

13.
Allô, chérie! Tu n'es pas à la maison. Écoute, ce soir je serai très en retard car je dois accompagner mon patron jusqu'à l'usine. Je ne rentrerai pas avant 23 heures. Alors, je suis vraiment désolé pour notre rendez-vous à dîner. Sinon, comme j'ai déjà réservé deux places au restaurant, tu peux dîner avec ton amie. Ou bien, tu peux aller au cinéma avec elle. Ne t'inquiète pas pour les enfants. Sophie m'a téléphoné tout à l'heure et elle rentrera aussi tard parce qu'elle doit travailler à la bibliothèque pour préparer son examen. Et Arnaud va passer la nuit chez son copain, Frédéric parce que c'est son anniversaire. Allez, je te laisse. Je te souhaite de passer une excellente soirée. j'ai laissé ma carte dans la boîte qui est sur la commode. Tu peux l'utiliser si tu as besoin d'argent.

<여보세요, 여보! 집에 없군. 오늘 저녁에 난 늦게 귀가할 텐데 왜냐하면 공장까지 사장님을 모셔야 하거든. 23시 이전에 집에 못 갈 거야. 그래서 우리 저녁 약속 때문에 미안해. 그렇지 않다면 내가 식당에 두 자리를 예약해 두었으니까 당신 친구랑 저녁을 먹어도 돼. 그렇지 않으면 영화를 가던지. 아이들은 걱정하지 말구려. 소피가 조금 전에 나한테 전화했는데 시험 준비를 위해서 도서관에서 공부해야 하기 때문에 늦게 귀가할 거에요. 그리고 아르노는 친구인 프레데릭이 생일이라 그 친구 집에서 밤을 지샐 거야. 그럼 전화 끊을게. 좋은 저녁 시간을 보내길 바래요. 침대 서랍에다 카드를 놔두었으니까 돈이 필요하면 사용하구려.

1. Le père des enfants va rentrer : [아이들의 아버지는 ____귀가할 것이다]
   ☐ plus tôt que d'habitude. [평소보다 더 일찍]
   ☐ plus tard que d'habitude. [평소보다 더 늦게]
   ☒ beaucoup plus tard que d'habitude. [평소보다 훨씬 늦게]

2. A quelle heure va-t-il être à la maison? Après 23 heures.
   [그는 몇 시에 귀가할 것인가?]

3. Quelle est la raison de son retard? [늦은 귀가의 이유는 무엇인가?]
   ☐ Il doit aller au restaurant. [식당에 가야 하기 때문에]
   ☒ Il doit rester à son travail. [일 때문에 남아있어야 해서]
   ☐ Il doit aller au cinéma. [극장에 가야 하기 때문에]

4. Pour quelle raison les enfants rentrent-ils tard?
   [어떠한 이유로 아이들이 늦게 귀가하는가?]

   a) parce que Sophie a rendez-vous avec son ami à la bibliothèque.
      [소피는 도서관에서 친구와 약속이 있기 때문에]
      ☐ vrai ☒ faux ☐ on ne sait pas
   b) parce qu'Arnaud reste chez Frédéric pour fêter son anniversaire.
      [아르노는 프레데릭의 생일을 축하해 주기 위해 그의 집에 머물기 때문에]
      ☒ vrai ☐ faux ☐ on ne sait pas

5. Que dit l'homme à sa femme avant de raccrocher? (2 réponses)
   Il lui dit… [남자가 아내에게 전화를 끊기 전에 말한 것은?]
   ☒ que sa carte est sur la commode. [서랍에 카드가 있다는 것을]
   ☐ d'aller dîner au restaurant avec ses enfants. [아이들과 식당에서 저녁 먹으러 가라고]
   ☐ d'aller voir un film avec son amie. [친구와 영화를 보러 가라고]
   ☐ de l'attendre à la maison. [집에서 그를 기다리라고]

▸▸MP3 41

14.
Allô, Patrick? Ici Daniel! Tu n'es pas là? Tu connais mon oncle Thierry qui travaille dans une agence de voyage? Il va bientôt partir à la retraite, Comme il a travaillé longtemps dans le domaine touristique, il a bien remarqué qu'il y a beaucoup de touristes coréens qui visitent la ville de Paris. Alors, il va ouvrir un restaurant coréen. Comme il ne sait pas parler coréen, il a besoin d'un coréen qui peut l'aider. Je me rappelle que tu as un copain coréen qui cherche du travail. Je voudrais savoir s'il a déjà trouvé un travail ou pas. Ss'il s'intéresse au restaurant de mon oncle, appelle-moi sur mon téléphone portable. Merci d'avance.
Réponds-moi vite.

-여보세요, 파트릭? 나 다니엘이야! 집에 없니? 여행사에서 일하는 내 삼촌 알지? 삼촌이 곧 정년 퇴직이야. 관광업종에서 오랫동안 일을 했기 때문에 파리를 방문하는 한국 사람들이 많다는 것을 잘 알거든. 그래서 한국 식당을 열려고 해. 삼촌이 한국어를 할 줄 모르니까, 그를 도와줄 한국인이 필요해. 네가 일자리를 찾고 있는 한국 친구가 있다는 것이 생각났어. 그가 이미 일자리를 찾았는지 아닌지 알고 싶어. 그가 내 삼촌 식당에 관심이 있다면, 내 휴대폰으로 전화해줘. 고마워. 빨리 답해줘.

1. Thierry est ___________ du père de Daniel : [티에리는 다니엘의 아버지의 ____다]
   ☒ l'oncle [삼촌]
   ☐ le frère [동생]
   ☐ le grand-père [할아버지]

2. Thierry travaille dans une : [띠에리는 _____에서 일한다]
   ☐ agence immobilière. [부동산]
   ☐ agence publicitaire. [광고회사]
   ☒ agence de voyage. [여행사]

3. Il va ouvrir : [그는 ____을 열 것이다]
   ☐ un café.
   ☐ une crêperie.
   ☒ un restaurant.

4. Il parle bien coréen : ☐ oui ☒ non ☐ on ne sait pas
[그는 한국어를 잘한다]

5. Qu'est-ce que Daniel demande à Patrick?
[다니엘이 파트릭에게 부탁한 것은 무엇인가?]
Il voudrait savoir si l'ami de Patrick a déjà trouvé un travail ou pas.

6. Il s'agit : [이것은 ___에 관한 것이다]
☒ d'un message vocal. [음성 메시지]
☐ d'un e-mail.
☐ d'une lettre.

▸▸ MP3 42

15.
- Bonjour docteur.
- Bonjour Madame Duval. Qu'est-ce que vous avez? Vous avez le visage très pâle.
- J'ai passé une nuit horrible.
- Expliquez-moi ce qui s'est passé.
- Alors, voilà : j'ai rencontré mon amie que je n'ai pas vue depuis très longtemps.
- Et on est allé au restaurant qui est au bord de la mer. On a marché sur la plage après avoir dîné. Il y avait du vent, mais je me sentais tellement bien. Je me suis réveillée ce matin avec un mal de tête horrible. Mais ce n'est pas tout, j'ai aussi mal à la gorge et chaud et froid en même temps.
- Est-ce que vous avez de la fièvre?
- Oui, 41 depuis hier soir.
- Bon, Vous avez la grippe. Voilà l'ordonnance. Allez acheter les médicaments à la pharmacie en face de la gare.
- Merci docteur,
- Et votre mari, il va mieux?
- Ah, maintenant, il va beaucoup mieux, merci.

안녕하세요, 의사선생님.
- 안녕하세요, 뒤발 부인. 어쩐 일이세요? 얼굴이 매우 창백하시네요.
- 끔찍한 밤을 보냈어요.
- 무슨 일인지 제게 설명해보세요.
- 얘긴 즉 이래요: 내가 아주 오래 전부터 보지 못한 친구를 만났어요. 그리고 우린 바닷가 근처에 있는 식당으로 갔죠. 저녁 식사 후에는 해변을 걸었구요. 바람이 불었지만 정말 기분이 좋았어요. 오늘 아침에 잠에서 깼는데 머리가 깨질 듯이 아픈 거에요. 그게 다가 아니고 목도 아프고 추웠다 더웠다 해요.

- 열이 있으세요?
- 예, 어제 저녁에 41도에요.
- 감기에 걸리셨네요. 자 여기에 처방전이 있어요. 기차역 앞에 있는 약국에 가서 약을 사세요.
- 고맙습니다, 의사선생님.
- 당신 남편은 좀 나아지셨나요?
- 아, 지금은 많이 좋아졌어요, 고맙습니다.

1. Madame Duval va chez le docteur : [뒤발 부인은 __ 때문에 의사에게 갔다]
   ☒ parce qu'elle est malade. [아프기 때문에]
   ☐ pour lui présenter son amie. [친구를 소개시켜 주기 위해]
   ☐ pour son mari. [남편 때문에]

2. Madame Duval a mal à la tête depuis : [뒤발 부인은 ___부터 머리가 아프다]
   ☒ ce matin ☐ hier soir ☐ une semaine

3. Combien de fièvre a Madame Duval? Le 41° [뒤발 부인의 체온은 몇 도인가?]

4. La pharmacie est : [약국은]
   ☐ près de la gare. [역 가까이에 있다]
   ☐ derrière la gare. [역 뒤에 있다]
   ☒ en face de la gare. [역 맞은 편에 있다]

5. Le mari de Mme Duval : [뒤발 부인의 남편은]
   ☒ est malade lui aussi. [그 역시 아프다]
   ☐ a été malade. [아팠다]
   ☐ n'est jamais malade. [결코 아프지 않았다]

▸▸MP3 43

16.
- Bonjour madame, Vous voulez quelque chose?
- Hier, j'ai acheté un pantalon pour ma fille mais il était trop grand pour elle. D'ailleurs, elle n'a pas du tout aimé la couleur.
- Ah, je me souviens de vous. Mais, vous m'avez dit que c'était le rouge, sa couleur préférée, n'est-ce pas?
- Oui. Avant, le rouge était sa couleur préférée, mais maintenant, elle la déteste. Est-ce que vous avez le même pantalon, en plus petit et en bleu?
- Un instant s'il vous plaît, je vais voir… On a un problème parce que j'ai le même en bleu mais il n'y a plus de taille plus petite.
- Ah bon? Qu'est-ce que je dois faire?
- Si vous pouvez revenir demain soir, je commanderai le pantalon en taille plus petite.

- À quelle heure puis-je repasser?
- À 19 heures, madame.
- D'accord. Je vous remercie beaucoup. Vous êtes très gentille.
- Je vous en prie, madame.
- Alors je repasserai demain soir. Au revoir monsieur.
- Au revoir madame.

- 안녕하세요, 부인. 무엇을 찾으세요?
- 어제 내 딸을 위해서 바지를 샀는데 너무 커요. 게다가 색깔을 전혀 좋아하지 않더라구요.
- 아, 부인이 기억납니다. 그렇지만 따님이 붉은 색을 좋아한다고 하지 않으셨나요?
- 예. 이전에는 붉은 색이 딸 애가 선호하는 색이었는데 지금은 아주 싫어해요. 좀 더 작고 푸른 색의 바지가 있나요?
- 잠깐만요, 찾아볼께요... 문제가 있는데 푸른 색의 바지가 있기는 한데 더 작은 치수가 없네요.
- 그래요? 어떻게 해야 되죠?
- 내일 저녁에 다시 들리시면, 제가 더 작은 치수의 바지를 주문해 놓을께요.
- 몇 시에 다시 들리면 되죠?
- 19시입니다, 부인.
- 좋아요. 고마워요. 매우 친절하시네요.
- 천만에요, 부인.
- 그럼 내일 저녁에 다시 들릴께요. 안녕히 계세요.
- 고맙습니다, 안녕히 가세요, 부인.

1. La scène se passe : (1 réponse) [이 장면은 __에서 일어나고 있다]
   - ☐ dans une bijouterie. [보석상에서]
   - ☐ dans un hôtel. [호텔에서]
   - ☐ dans un magasin de chaussures. [신발가게에서]
   - ☒ dans un magasin de vêtements. [옷가게에서]

2. La cliente : [손님은]
   - ☐ n'est pas contente des services de la vendeuse. [판매인의 서비스에 대해 만족하지 못한다]
   - ☐ veut acheter un pantalon. [바지를 사고 싶어한다]
   - ☒ veut échanger un pantalon. [바지를 교환하고 싶어한다]

3. Quelle est maintenant la couleur préférée de sa fille? Le bleu.
   [지금 그녀의 딸이 좋하하는 색깔은 무엇인가?]

4. La vendeuse demande à sa cliente de revenir :
   [판매인은 손님에게 ____ 다시 들릴 것을 부탁한다]
   - ☒ demain à 19 heures.
   - ☐ après-demain à 19 heures.
   - ☐ demain à 17 heures.

▸▸MP3 44

17.
- Bonjour, monsieur. Que puis-je faire pour vous?
- Je voudrais envoyer ce colis en Corée.
- Tarif normal ou par avion?
- Ça coûte combien par avion?
- 50 euros.
- Ah, c'est trop cher. Je n'ai pas assez d'argent.
- Alors envoyez-le au tarif normal, Ça fait 20 euros.
- Bon d'accord. Dans combien de jours le colis va-t-il arriver?
- Environ 5 jours. Mais quel est le contenu de ce colis?
- Des CDs. Pourquoi? Est-ce qu'il y a un problème?
- Si vous les envoyez en tarif normal, il y a un risque que les CDs se cassent.
- Ah bon? Alors, qu'est-ce que je dois faire?
- Je vous conseille de les emballer avec précaution.
- Bon, je reviendrai demain. Merci, madame.

- 안녕하세요, 무엇을 도와드릴까요?
- 이 소포를 한국에 보내고 싶어요.
- 정상 가격이요 아니면 항공편으로요?
- 항공편은 얼마죠?
- 50 유로요.
- 아, 너무 비싸네요. 돈이 충분치가 않아요.
- 그럼 정상편으로 보내세요, 20 유로에요.
- 좋아요. 소포가 며칠 안에 도착하죠?
- 5일 정도요. 이 소포 내용물이 뭐죠?
- CD들이에요. 왜요? 문제가 있나요?
- 정상 가격으로 이것들을 보내면 CD들이 깨질 위험이 있어요.
- 아 그래요? 그럼 어떻게 해야죠?
- 조심스럽게 이것들을 포장해야 해요.
- 그럼 내일 다시 올께요. 고맙습니다.

1. La scène se passe : [장면은 ___에서 일어나고 있다]
   ☐ dans une agence de voyages. [여행사]
   ☒ à la poste. [우체국]
   ☐ dans une libraire. [서점]

2. Où l'homme veut-il envoyer le colis? E n Corée.
   [남자는 소포를 어디로 보내길 원하는가?]

3. Le tarif avion est de : [항공운송은 ___다]
   ☐ 5 euros ☒ 50 euros ☐ 55 euros

4. Combien d'argent peut-il économiser s'il envoie le colis en tarif normal au lieu d'envoyer par avion?
[그가 항공운송 대신에 정상 운송으로 소포를 보내는 경우 얼마가 절약되는가?]
☐ 13 euros ☐ 20 euros ☒ 30 euros

5. Est-ce qu'il a envoyé le colis? [그는 소포를 보냈는가?]
☐ oui ☒ non ☐ on ne sait pas

6. Le paquet va arriver dans environ : [소포는 대략 ____도착할 것이다]
☒ 5 jours ☐ 7 jours ☐ 16 jours

7. Qu'est-ce qu'il y a dans le colis? [소포에는 무엇이 들어있는가?] Les CDs.

▸▸MP3 ㊺

18.

- Bonsoir, monsieur. Qu'est-ce que vous voulez prendre?
- Je voudrais la carte, s'il vous plaît!
- La voilà.
- Qu'est ce que vous avez comme plat du jour?
- Truite aux amandes servie avec des légumes.
- Je n'aime pas beaucoup le poisson. Vous avez des brochettes?
- Oui, monsieur. Brochette de poulet au curry avec du riz
- C'est parfait. En dessert, je voudrais une tarte aux pommes et je vais boire unepetite bouteille d'eau minérale.
- Bien monsieur. Pour les brochettes, il faut attendre un quart d'heure.
- Bon, ça ira. Mais je dois partir dans moins d'une heure, j'ai un rendez-vous très important.

- 안녕하세요. 무엇을 드시겠어요?
- 메뉴판을 주세요!
- 여기 있습니다.
- 오늘의 추천 요리가 뭐죠?
- 야채가 곁들인 송어요리요.
- 나는 생선을 좋아하지 않아요. 꼬치구이 있어요?
- 예. 쌀을 곁들인 닭 꼬치가 있어요.
- 완벽합니다. 후식으로는 사과 파이를 주시구요 조그만 사이즈의 광천수를 마실께요.
- 알겠습니다. 꼬치구이는 15분 기다리셔야 해요.
- 좋아요. 그렇지만 1시간 안에 떠나야 해요. 매우 중요한 약속이 있거든요.

1. La conversation a eu lieu : [대화는 ____에서 일어나고 있다]
   ☐ au café. ☐ à l'hôtel. ☒ au restaurant.

2. Le client veut commander : [손님은 ____을 주문하길 원한다]
   ☒ un repas. ☐ un café. ☐ une bouteille de vin.

3. Le client ne prend pas le plat du jour : [손님은 추천요리를 원하지 않는다]
   ☐ parce qu'il n'y en a plus. [왜냐하면 다 떨어졌기 때문에]
   ☐ parce qu'il préfère un plat à la carte. [메뉴판에 있는 음식을 선호하기 때문에]
   ☒ parce qu'il n'aime pas le poisson. [생선을 좋아하지 않기 때문에]

4.

	Vrai	Faux	On ne sait pas
Le client choisit des brochettes de poulet. [손님은 닭 꼬치를 선택한다]	X		
Les brochettes sont servies avec des pâtes. [꼬치는 밀가루와 함께 제공된다]		X	
Il commande aussi une tarte aux prunes. [그는 살구 파이를 또한 주문한다]		X	

5. Pour les brochettes, combien de temps faut-il attendre?
   [꼬치요리의 경우 얼마를 기다려야 하는가?]
   Il faut attendre un quart d'heure.

6. Pourquoi doit-il partir dans moins d'une heure?
   [왜 1시간 안에 그는 떠나야 하는가?]
   Parce qu'il a un rendez-vous très important.

Compréhension orale

프랑스어 듣기

Chapter 6

부 록

상황에 따라 자주 사용되는 표현들

의사소통에 관련되어 많이 사용되는 표현들

〈상황에 따라 자주 사용되는 표현들〉

1) 개인 신상에 관한 상황

① 이름에 관한 질문과 답변

당신의 이름은 무엇입니까?	제 이름은 × 입니다.
Quel est votre nom?	Je m'appelle ×.
C'est quoi, votre nom?	
Comment vous appelez-vous?	
Vous vous appelez comment?	

② 국적

당신의 국적은 어디입니까?	나는 한국인 (프랑스인)입니다.
Quelle est votre nationalité?	Je suis coréen(ne) (français(e)).
D'où venez-vous?	Je viens de Corée. (France)

③ 나이

당신의 나이는 얼마입니까? Quel âge avez-vous (Vous avez quel âge)?	나는 ○○ 살입니다. J'ai + 숫자 + ans. (j'ai 19 ans...)

④ 생년월일

당신의 생년월일은 언제 입니까? Quelle est votre date de naissance?	나는 ___ 태어났습니다. Je suis né(e) le 06/ 07/ 1961.
당신은 언제 태어났습니까? Quand est-ce que vous êtes né(e)?	Je suis né(e) le 1961.

⑤ 거주지

당신 어디에 사십니까? Où habitez-vous? (Vous habitez où)?	나는 ×에 살고 있습니다. J'habite à + 도시 이름

⑥ 직업 또는 신분

당신의 직업은 무엇입니까? Quelle est votre profession? Qu'est-ce que vous faites? (dans la vie)?	Je suis lycéen(ne) (étudiant). 나는 고등(대)학생입니다. Je suis médecin. 난 의사입니다. Je travaille dans un hôpital. 나는 병원에서 일합니다.

⑦ 고향

당신 고향은 어디입니까? Quelle est votre ville d'origine? Quel est votre pays natal?	Je viens de ×××. Je suis d'origine français.
어디에서 태어났어요?	-에서 태어났습니다.
Où est-ce que vous êtes né(e)?	Je suis né(e) à + 도시 이름

⑧ 결혼유무

결혼 하셨어요? Vous êtes marié(e)?	Oui, je suis marié(e). 예, 결혼 했습니다.
	Non, je suis célibataire. 아니오, 독신입니다.

⑨ 부모, 형제

부모님이 계세요?	Vous avez des parents?
형제나 자매가 있습니까?	Vous avez des frères et des soeurs?

⑩ 자녀관계

자녀가 있습니까? Avez-vous des enfants?	Oui, j'en ai deux. 예, 두 명 있습니다.
몇 명의 자녀가 있습니까? Combien d'enfants avez-vous?	J'ai un garçon et une fille.

⑪ 가족 일원의 직업이나, 신분

당신 아버지는 일을 하십니까? Est-ce que votre père travaille?	아니오, 정년 퇴직하셨어요. Non, il est à la retraite.
당신 어머니는 직업이 있으세요? Votre mère a un travail?	예, 간호사입니다. Oui, elle est infirmière. .

2) 일상생활에 관한 표현

① 기상시간과 취침시간

몇 시에 일어나십니까? Vous vous levez à quelle heure?	6시 반에 일어납니다. Je me lève à 6 h 30.
몇 시에 잠자리에 드십니까? Vous vous couchez à quelle heure?	23시에 잠자리에 듭니다. Je me couche à 23 h.

② 식사시간

식사를 몇 시에 합니까?	__를 __시에 합니다.
Vous prenez le petit-déjeuner à quelle heure?	Je prends le petit-déjeuner à ×
(prenez le déjeuner), déjeunez	Je déjeune à ×.
(prenez le dîner), dînez	Je dîne à ×.

③ 식사메뉴

식사에 무엇을 먹습니까?		빵 (샌드위치, 고기)를 먹어요.
Vous mangez quoi pour	le petit-déjeuner?	Je prends du pain.
	le déjeuner	Je prends un sandwich.
	le dîner?	Je prends de la viande.

④ 교통편

어떻게 학교 (직장)까지 갑니까? Comment allez-vous à l'école (au travail)?	전철(버스, 기차)을 타고 갑니다. Je prends le métro (le bus, train).

⑤ 걸리는 시간

학교 (사무실)이 집에서 먼가요? Votre école (bureau) est loin de chez vous?	걸어서 10분 걸립니다. Ça prend 10 minutes à pied.

⑥ 학교 또는 직장의 시작 또는 끝나는 시간

수업 (일)이 언제 시작합니까?	수업 (일)이 몇 시에 끝이 납니까?
Les cours commencent à quelle heure?	Les cours finissent à quelle heure?
Votre travail commence quand?	Vous terminez le travail quand?

⑦ 귀가 시간

몇 시에 귀가하십니까? À quelle heure rentrez-vous à la maison?	19시에 귀가합니다. Je rentre à la maison à 19h.

3) 선호도

① 스포츠

어떤 스포츠를 좋아하십니까? Quel sport aimez-vous?	나는 테니스를 좋아합니다. J'aime beaucoup le tennis.
스포츠를 좋아하십니까? Vous aimez le sport?	예, 아주 좋아합니다. Oui, j'adore ça. 아니오, 아주 싫어합니다. Non, je déteste ça.
운동을 자주 하십니까? Vous faites souvent du sport?	일주일에 한번이요. Une fois par jour. 매일 아침마다요. Tous les matins.

② 영화

영화를 좋아하십니까? Vous aimez le cinéma?	예, 좋아합니다. Oui, j'aime bien ça. 아니오, 안 좋아해요 Non, je n'aime pas beaucoup ça.
어떤 종류의 영화를 좋아해요? Quel genre de film aimez-vous?	모험 영화를 좋아합니다. J'aime les films d'aventure.
극장에는 혼자 가십니까? Vous allez au cinéma tout(e) seul(e)?	아니오, 친구들과 같이 갑니다. Non, j'y vais avec mes amis.

③ TV

TV를 자주 보나요? Vous regardez souvent la télé?	하루에 두시간 정도요. Deux heures par jour.
어떤 프로그램을 좋아하세요? Quel sorte de programme aimez-vous?	스포츠 시합 보는 걸 좋아해요. j'aime regarder les matchs de sport.

4) 다양한 장소에서

① 식당에서(Dans un restaurant)

Le serveur	Bonsoir, monsieur. Qu'est-ce que vous voulez prendre? 안녕하세요, 선생님. 무엇을 드시겠어요?
Le client	La carte, s'il vous plaît! 메뉴판을 가져다 주세요!
Le serveur	La voilà! 여기에 있습니다!
Le client	Je voudrais un steak-frites, s'il vous plaît! 튀김감자와 스테이크를 먹을께요!
Le serveur	Qu'est-ce que vous prenez comme dessert? 후식으로는 무엇을 드시겠어요?
Le client	Je vais prendre de la glace 아이스크림을 먹을께요.

② 카페에서 (Dans un café)

le garçon	Bonjour, madame. Vous désirez? 안녕하세요, 부인. 무엇을 드시겠어요?
Marie	Je prendrai un jus d'orange, s'il vous plaît. 오렌지 쥬스 주세요.
le garçon	Désolé madame, mais on n'a plus de jus d'orange. 유감스럽지만 오렌지 쥬스가 다 떨어졌거든요.
Marie	Ah bon? Alors, je prendrai un thé. 아 그래요? 그럼 차 주세요.
le garçon	D'accord. 알겠습니다.

③ 상점에서 손님과 점원

a) 옷가게에서

La vendeuse	Bonjour, madame. Je peux vous aider? 안녕하세요, 부인. 도와드릴까요?
La cliente	Oui, je voudrais acheter un pantalon. 예, 바지를 사고 싶은데요.
La vendeuse	Quelle est votre taille? 치수가 어떻게 되시죠?
La cliente	Je fais du 42. Est-ce que je peux essayer ça? 42를 입어요. 저거 입어봐도 될까요?
La vendeuse	Bien sûr, madame. La cabine est à droite. 물론이죠. 탈의실은 오른쪽에 있어요.
La cliente	Alors, Qu'est-ce que vous en pensez? 어떻게 생각하세요?
La vendeuse	Elle vous va très bien. 부인께 잘 어울리는데요.
La cliente	Moi aussi, ça me plaît beaucoup. C'est combien? 내 마음에도 들어요. 얼마죠?
La vendeuse	100 euros madame. 100유로입니다.

b) 빵가게에서 (À la boulangerie)

Le boulanger	Bonjour monsieur. Qu'est-ce que vous voulez? 안녕하세요. 무엇을 원하시죠?
Le client	Je voudrais une baguette et un croissant. 바게뜨하고 크루와쌍 주세요.
Le boulanger	Vous ne voulez pas ce pain au chocolat? 초코렛 빵은 원하지 않으세요?
Le client	Est-ce que c'est bon? 맛있어요?
Le boulanger	Mais oui, monsieur. D'ailleurs, ce n'est pas cher. 물론이죠. 게다가 비싸지도 않아요.
Le client	Est-ce que je peux goûter? 맛을 볼 수 있을까요?
Le boulanger	Aucun problème. 물론이죠.

c) 시장에서 (Au marché)

le vendeur	Bonjour, madame. Je peux vous aider? 안녕하세요, 부인. 도와드릴까요?
Anne	Oui. Je voudrais un kilo de tomates et un melon. 예, 토마토 1킬로하고 메론 하나 주세요.
le vendeur	Tenez! 여기 있습니다!
Anne	Et les pommes, ça coûte combien? 사과는 얼마씩이죠?
le vendeur	12 euros le kilo. 1킬로에 12유로에요.
Anne	Comment? mais c'est trop cher! 뭐라구요? 너무 비싸군요!
le vendeur	Mais, elles sont délicieuses! 하지만 아주 맛이 있어요!
Anne	Vous pouvez me faire un prix? 값을 좀 깎아주실 수 있으세요?
le vendeur	Je suis désolé, mais c'est un prix fixé. Vous ne voulez pas ces pêches? 유감이지만 이게 딱 정가입니다. 복숭아는 원하지 않으세요?
Anne	Elles sont bonnes? Je peux goûter? 맛있어요? 맛봐도 돼요?

⑮ 병원에서 (Dans un hôpital)

le médecin	Alors, qu'est-ce que vous avez monsieur? 그래 무슨 일이시죠?
le patient	j'ai mal partout. 온 몸이 아파요.
le médecin	Qu'est-ce que vous avez fait hier? 어제 뭐 하셨죠?
le patient	j'ai rencontré mes amis et on a joué au tennis sous la pluie. 친구들을 만나서 비를 맞으며 테니스를 쳤어요.
le médecin	Vous avez de la fièvre? 열이 있어요?
le patient	Oui. Surtout j'ai mal à la tête. 예, 특히 머리가 아파요.
le médecin	Vous avez attrapé la grippe. Prenez ces médicaments et il faut vous reposer. 감기에 걸리셨네요. 약을 먹고 쉬어야 합니다.

〈의사소통에 관련되어 많이 사용되는 표현들〉

1) 안부를 묻고 답하는 표현

Comment allez(vas) - vous(tu)?	Je vais bien, merci.
Vous(Tu) allez(vas) bien?	Bien, merci.
Comment ça va?	Ça va (bien).
Ça va?	

2) 감사에 관한 표현

Je vous remercie beaucoup.	Vous êtes gentil(le).	Je vous en prie.
Merci beaucoup.		De rien. Mais non.
		Il n'y a pas de quoi.

3) 묘사에 관련된 표현

Qui est-ce?	C'est + 부정관사 + 명사	C'est un acteur.
	C'est + 사람 이름	C'est Paul.
Qu'est-ce que C'est?	C'est (ce sont) + 부정관사 + 명사	C'est un livre.
Comment est-il?	Il est + 형용사	Il est petit (grand).
Comment est-elle?	Elle est + 형용사	Elle est petite (grande).

4) 시간을 물어보는 표현

Quelle heure est-il?	Il est midi.
Vous (tu) avez (as) l'heure?	Il est minuit.

5) 요일을 물어보는 표현

Quel jour est-ce aujourd'hui?	C'est lundi.
	Nous sommes lundi.

6) 날짜를 물어보는 표현

Quel jour sommes-nous aujourd'hui?	Nous sommes le cinq.

7) 날씨에 관한 표현

<table>
<tr><td rowspan="3">Quel temps fait-il?</td><td rowspan="3">Il</td><td>fait</td><td>+ 형용사 : chaud, froid, beau, mauvais.</td></tr>
<tr><td>동사</td><td>Il neige, il pleut.</td></tr>
<tr><td>y a</td><td>de + 명사 : du soleil, du vent, du nuage.</td></tr>
</table>

8) 사과, 유감에 관한 표현

<table>
<tr><td rowspan="3">사과</td><td>Pardon!</td><td>Ce n'est pas grave.</td></tr>
<tr><td>Excusez-moi!</td><td>Ce n'est rien.</td></tr>
<tr><td></td><td>Je vous en prie.</td></tr>
<tr><td rowspan="2">유감</td><td colspan="2">Je suis désolé.</td></tr>
<tr><td colspan="2">C'est dommage.</td></tr>
</table>

9) 가격을 묻고 답하는 표현

Ça coûte combien?	Ça coûte ×.
C'est combien?	C'est ×.
Ça fait combien?	Ça fait ×.
Je vous dois combien?	

10) 장소를 묻는 표현

<table>
<tr><td>Excusez-moi</td><td>monsieur</td><td>Où est + 장소</td><td rowspan="2">s'il vous plaît!</td></tr>
<tr><td>Pardon!</td><td>madame</td><td>Je cherche + 장소</td></tr>
</table>

11) 예약에 관계된 표현들

Est-ce que vous avez	une chambre 방	s'il vous plaît?
Je voudrais	une place 좌석	s'il vous plaît!
	un billet d'avion 비행기표	

12) 주문에 관한 표현

Qu'est-ce que vous voulez prendre	comme	dessert?
		boisson?
Vous voulez encore quelque chose?		
Vous en voulez encore?		

13) 전화에 관련된 표현

① 전화를 걸었을 때

Je voudrais parler à M. ×,	s'il vous plaît!	×씨와 통화하고 싶은데요.
Est-ce que M. × est là?		×씨 자리에 계십니까?
Je suis bien chez M. ×?	×씨 집이죠?	

② 전화를 받았을 때

Qui est à l'appareil?	전화하신 분은 누구시죠?
Il n'est pas là.	그는 자리에 없는데요.
Il est sorti.	그는 외출했습니다.
Ne quittez pas. Je vous le passe.	잠깐 기다리세요. 그를 바꿔 줄께요.

저자

정일영

인하대 불어불문학과 졸업
프랑스 파리 8대학 대학원 졸업
언어학 박사학위 취득
인하대학교, 경희대학교 출강
EBS 수능 프랑스어 강의

저서

프랑스어능력시험(DELF) A1, A2, A1-Junior, A2-Junior, B1, B2
프랑스어 문법사전, 기초 프랑스어
오르세미술관, 루브르박물관, 오디세이 신화
프랑스 문화의 이해, 유럽연합의 이해, 언어의 이해
생활속의 프랑스어 회화, 홀로서기 프랑스어 회화
디지털로 배우는 프랑스어 회화
샹송으로 배우는 프랑스어
프랑스어 듣고 이해하기 등 다수

프랑스어 듣기

1판 1쇄 발행_2010년 8월 30일
1판 2쇄 발행_2012년 1월 20일

저　자 • 정 일 영
발행인 • 정 현 걸
발　행 • 신 아 사
인　쇄 • 예지인쇄
출판등록 • 1956년 1월 5일 (제9-52호)
주　소 • 서울특별시 은평구 녹번동 28-36번지 2F
전　화 • 02) 382-6411 • 팩스 02) 382-6401
홈페이지 • www.shinasa.co.kr
E-MAIL • shinasa@chol.com

ISBN 978-89-8396-712-1 (13760)

정가 *16,000* 원